Daniela Mattes

Numerologie und Zahlenmystik

Numerologie für Eilige

Daniela Mattes

Numerologie und Zahlenmystik

Numerologie für Eilige

„Numerologie und Zahlenmystik“
1. Auflage November 2023

Ancient Mail Verlag Werner Betz
Europaring 57, D-64521 Groß-Gerau
Tel.: 00 49 (0) 61 52/5 43 75, Fax: 00 49 (0) 61 52/94 91 82
www.ancientmail.de
Email: ancientmail@t-online.de

Verantwortlich für die Produktsicherheit:
Ancient Mail Verlag – Werner Betz
Europaring 57, 64521 Groß-Gerau
Email: ancientmail@t-online.de

Bibliografische Information der Deutschen Nationalbibliothek:
Die Deutsche Nationalbibliothek verzeichnet diese Publikation in der Deutschen Nationalbibliografie; detaillierte bibliografische Daten sind im Internet über http://dnb.dnb.de abrufbar.

Lektorat: Katharina Lindner
Covergestaltung: Karl Lesina, Luna Design
Druck: WIRmachenDRUCK GmbH, D-71522 Backnang

ISBN 978-3-95652-335-9

Inhalt

Vorwort

Sie interessieren sich für die Numerologie und wollten schon immer wissen, was sich dahinter verbirgt und wie sie funktioniert? Aber Sie wollen dafür keine dicken Bücher wälzen, sondern kurze und prägnante Informationen erhalten, mit denen Sie schnell loslegen können? Dann sind Sie hier richtig.

Ohne einige einleitende Erklärungen wird es dennoch nicht klappen. Diese sind nämlich dazu gedacht, Ihnen die Ursprünge genauer zu erklären. Immerhin scheint es auf den ersten Blick etwas seltsam zu sein, dass man durch das Zusammenrechnen von ein paar Zahlen auf wichtige Ergebnisse kommen kann, oder?

Wir schauen uns also im Buch zunächst gemeinsam die historischen Hintergründe und den Ursprung der Numerologie an. Anschließend erkläre ich Ihnen die Hauptströmungen, von denen Sie sich eine auswählen sollten. Und danach zeige ich Ihnen, welche Dinge Sie berechnen können und wie Sie dabei vorgehen müssen.

Sie brauchen dazu keine speziellen Vorkenntnisse und müssen auch keine höhere Mathematik anwenden. Das Prinzip und die Berechnungen sind recht einfach und daher von jedem Interessierten leicht nachzuvollziehen.

Und wenn Sie ungeduldig sind, überspringen Sie einfach die historischen Erklärungen und legen direkt los!

Viel Spaß und viel Erfolg bei den ersten Berechnungen!

Einleitung: Was bedeutet Numerologie?

Die Numerologie ist eine Methode, bei der Zahlen und Buchstaben gleichgesetzt werden, um den Zahlenwert eines Wortes zu berechnen. So lässt sich feststellen, was die Essenz des Wortes ist. Das kann ein Gegenstand oder ein Ort sein, aber bei der Namensberechnung auch ein Mensch oder Tier.

Diese Essenz wird durch eine Zahl beschrieben, die man auch durch Berechnungen aus dem Geburtsdatum, einer Telefonnummer, Adresse oder dem Datum eines bestimmten Ereignisses (Hochzeit, Firmengründung) aus anderen Dingen ableiten kann.

Jede Zahl hat nicht nur eine bestimmte Bedeutung, sondern eine eigene Schwingung und Frequenz, sodass sich gleiche Frequenzen anziehen, andere abstoßen. Manche ergänzen sich und andere harmonieren absolut nicht miteinander.

Diese Eigenschaften wurden schon im Altertum und in den frühen Hochkulturen erkannt und mit der Zahlenmystik untersucht, berechnet und in verschiedenen Bereichen eingesetzt. Beispielsweise in der Architektur oder Kunst sowie in der Musik.

Hier geht es überall um Harmonie – passende Proportionen, harmonische Farben oder Linien sowie harmonisierende Töne und Melodien. Vorreiter in diesem Bereich waren vor allem die Alten Ägypter, von denen ein Großteil dieser Weisheit stammt.

Was kann man heute mit der Numerologie berechnen?

Beispielsweise wird damit die Persönlichkeit oder der Charakter berechnet. Sie können aber auch herausfinden, ob beispielsweise Ihre Schwingungen mit einem bestimmten Wohnort harmonisiert oder mit einer anderen Person. Selbst die positiven oder negativen Veränderungen einer Namensänderung nach der Hochzeit oder bei der Änderung des Ruf- oder Spitznamens lassen sich feststellen.

Häufig haben Sie vielleicht keinen Einfluss darauf, die Zahlen oder Namen zu ändern. Da, wo es aber möglich ist, kann die Numerologie hilfreiche Anhaltspunkte geben. Zwei Beispiele dazu:

Sie kaufen sich ein neues Mobiltelefon und dürfen die Nummer auswählen? Prima. Dann rechnen Sie einfach kurz nach und wählen Sie die Essenz, die am besten zu Ihnen passt.

Sie gründen ein eigenes Business und wollen dem Unternehmen einen Namen geben? Hier können Sie anhand der Numerologie schnell prüfen, ob der Name eine gute Schwingung hat oder modifiziert werden muss.

Aber wer hat die Numerologie erfunden und wie wurde sie ursprünglich angewandt?

Die Numerologie ist nicht einfach so entstanden oder wurde gar erfunden, sondern entwickelte sich aus verschiedenen sehr alten Wissenschaften und den mathematischen Fähigkeiten der alten Hochkulturen.

Werfen wir im ersten Teil des Buches einen Abschnitt auf die spannende Geschichte der Zahlenmystik!

Teil I

Die Geschichte der Zahlenmystik

Tatsächlich ist die Geschichte der Mathematik schon sehr alt und es ist auch bekannt und belegt, dass die alten Hochkulturen der Maya oder der Sumerer und Babylonier sowie vor allem der Ägypter schon vor tausenden von Jahren umfangreiche und exakte Berechnungen anstellen konnten.

Die Umlaufbahnen der Gestirne oder bestimmte Ereignisse wie Sonnenfinsternisse konnten so exakt festgestellt oder vorausgesagt werden. Durch die Berechnungen von Naturphänomenen wie Ebbe und Flut, Regenzeiten oder Ähnlichem konnten sie beispielsweise geeignete Aussaat-Zeiten festlegen. Somit war ein harmonischer Umgang mit der Natur möglich.

Dabei verfügten sie noch nicht über unsere moderne Technik und sie kannten auch nicht unser Zahlensystem, geschweige denn unsere Schrift. Sie konnten jedoch mit Hieroglyphen, Schriftzeichen und bestimmen Symbolen (Kreise, Striche, Muster) genauso gut arbeiten.

Die Maya und der berühmte Maya-Kalender

Die **Maya** arbeiteten beispielsweise mit einem Punkt- und Balkencode, bei denen die **Zahlen 0 sowie 1 bis 19** (0 sowie 1 bis 19 ergibt 20 Zahlen, daher „20-er-System“) genutzt wurden. Die Null wurde dabei durch eine Muschel symbolisiert. Noch größere Zahlen wurden basierend auf diesem 20-er-System dargestellt und dank verschiedener Tabellen konnten sie einfache Berechnungen bis zur Zahl 361 (19 x 19 = 361) schnell durchführen.

Sie besaßen und benutzten außerdem verschiedene Tabellen, aus denen die Bewegungen der Planeten sowie Sonnenfinsternisse und Planetenbahnen zu ersehen waren.

Mit diesem Wissen haben sie beispielsweise den Maya-Kalender entworfen oder eigentlich DIE Maya-Kalender, denn sie verwendeten gleich drei davon für unterschiedliche Zwecke, die sich jedoch gegenseitig perfekt ergänzten. Alle basierten auf dem 20-er-System. Darin werden nicht nur Punkt-und-Balken-Code, sondern auch Symbole für die Götter verwendet.

Abb.1: Maya-Kalender[1]

[1] © Pixabay, OpenClipartVectors, https://pixabay.com/de/vectors/kalender-geschichte-maya-1294209/

Der *Tzolkin-Kalender* (mit 260 Tagen) war beispielsweise für rituelle Anlässe gedacht. Hierfür wurden die Zahlen von 1 bis 13 verwendet und mit den 20 Schutzgöttern der Maya zu einem Datum beziehungsweise einem Tagesnamen innerhalb der 260-Tage-Periode kombiniert.

Der *Haab-Kalender (mit 365 Tagen)* war der „normale" Kalender, der wichtig war für Aussaat und Ernte. Er bestand aus 18 Monaten zu je 20 Tagen plus einem 19. Monat mit 5 sogenannten „Unglückstagen".

Die *Lange Zählung* diente der Berechnung oder Darstellung größerer, längerer Zeiträume. Dies war wichtig für die lang angelegten astronomischen Beobachtungen sowie die Geschichtsschreibung. Bei der Langen Zählung werden exakte Daten angegeben, wonach sich beispielsweise feststellen lässt, dass dieser Kalender am 11. August 3114 v. Chr. begann.

Diese Kalender greifen wie Zahnräder ineinander und bestimmte Konstellationen wiederholen sich nach längeren oder kürzeren Zeiträumen immer wieder.

Weltuntergang am 21./23. Dezember 2012?!

Da der Maya-Kalender im Dezember 2012 endete, gingen einige esoterisch Interessierte davon aus, dass an diesem Tag die Welt untergehen würde. Dabei kehrten hier lediglich nach den Regeln der Langen Zählung die Zahlenwerte des ersten Kalendertages wieder. Dies ist immer nach 1.872.000 Tagen (rund 5128 Jahren) der Fall. Nur der Tag im zugehörigen Haab-Kalender verändert sich dabei.

Die Welt wurde am 13.0.0.0.0.4 Ahau 8 Cumku geschaffen und am 13.0.0.0.0 4 Ahau 3 Kakin endet ein Zyklus. Dass die Welt anschließend untergehen würde, ist jedoch nicht überliefert. Und wie wir sehen, ist sie auch nicht untergegangen.

Babylon – Sumer – Akkad

„Babylonien“ in Mesopotamien wurde in vielen Texten auch „Sumer und Akkad“ genannt. Während die Babylonier die Gegend nur kurz bevölkerten, waren die Sumerer und Akkader länger dort angesiedelt.

Mit der sumerischen Übernahme begann die Altbabylonische Zeit (ca. 2025 – 1595 v. Chr.) König Hammurabi konnte während seiner Regentschaft die verschiedenen Stadtstaaten zu einem vereinten Mesopotamien zusammenführen. Während der mittelbabylonischen Zeit (ca. 16. – 11. Jh. v.Chr.) war Babylonien verschiedenen Großmächten wie den Hethitern und besonders den Ägyptern gleichgestellt.

In der Neuassyrischen Zeit (11. Jh. – 612 v. Chr.) wanderten schließlich die Chaldäer in (Süd)babylonien ein. Die politischen Beziehungen zwischen den rivalisierenden Chaldäern, den Assyrern und den Babyloniern waren angespannt und von verschiedenen kriegerischen Auseinandersetzungen gekennzeichnet, denen schließlich auch die Stadt Babylon im Jahr 648 v. Chr. zum Opfer fiel.

Die Neubabylonische Zeit (626 – 539 v. Chr.) war ebenfalls von Feldzügen geprägt. Babylonien und Ägypten konkurrierten in Syrien-Palästina und Nebukadnezar konnte 605 v. Chr. die ägyptischen Gegner vernichten. Das Blatt wendete sich 539 v. Chr. als die persischen Truppen Babylonien eroberten. Damit war die Ära des Neubabylonischen Reiches beendet.

Warum der kurze Ausflug in die Geschichte? Überall, wo die Völker Berührungspunkte hatten, wurde nicht nur Krieg geführt, sondern auch Wissen ausgetauscht und weitergegeben. So auch hinsichtlich mathematischer Erkenntnisse.

Von der **Babylonischen Mathematik** sind sehr viele Tontafeln gut erhalten, auf denen in Keilschrift die Symbole für die Zahlen 1 bis 60 enthalten sind. Denn die Babylonier und Sumerer arbeiteten mit dem **Sexagesimalsystem**.

Auf den Tafeln, die zwischen 4000 v. Chr. und 539 v. Chr. (der Eroberung durch die Perser) entstanden sind, befinden sich Gleichungen, Brüche, algebraische Berechnungen und sogar der Satz des Pythagoras (natürlich nicht unter diesem Namen, sondern nur die Berechnungsweise!)

Abb. 2: Das Zikkurat von Ur, bekanntestes Bauwerk der Sumerer im heutigen Irak. Gewidmet dem Mondgott Nanna.[2]

[2] © Khezez, pexels, https://www.pexels.com/de-de/foto/landschaft-leer-irak-vertikaler-schuss-14111676/

Von den Sumerern (3000 – 2300 v. Chr.) sind Tabellen mit Multiplikationen sowie arithmetische und geometrische Berechnungen nachgewiesen.

Die jüngsten gefundenen Keilschrifttafeln (rund 2000 – 1600 v. Chr.) bestanden meist aus mathematischen Tabellen und Listen inklusive berechneter Lösungen zu verschiedenen Problemen und Anwendungen. Auf arithmetischen Tafeln befanden sich Quadratzahlen und Kubikzahlen, sodass man für Berechnungen schnell die Lösung einer Aufgabe in der Tabelle nachschlagen konnte.

Aus der chaldäischen Mathematik aus der Epoche von 626 – 539 v. Chr. sind weniger Quellen erhalten. Auf erhaltenen Tafeln finden sich jedoch astronomische Berechnungen, die beispielsweise Mondfinsternisse beziehungsweise die verschiedenen Mondphasen enthalten.

Auch die Babylonier verfügten über einen Kalender, der sich am Mond orientierte. Er besaß 12 Monate und war rund 11 Tage kürzer als ein Kalender, der sich an der Sonne orientierte. Ab und zu mussten daher Schaltmonate von 29 oder 30 Tagen eingefügt werden. Die Monatsnamen wurden aus dem alten Nippur-Kalendersystem übernommen und später in abgewandelter Form in den jüdischen Kalender.

Meister der Baukunst – die alten Ägypter

Die **alten Ägypter** waren seinerzeit mathematisch hoch entwickelt, doch sie notierten ihre Überlieferungen meist auf Papyri, die die Zeiten schlechter überdauerten und daher in geringer Zahl bis heute erhalten sind. Die beeindruckenden Bauwerke und ihre Ausrichtung nach den Sternen zeugen jedoch eindrucksvoll von ihrem Wissen und ihren Kenntnissen über die Mathematik und Astronomie.

Sie orientierten sich ebenfalls am Mond und erstellten einen **Mondkalender**. Zudem spielte der Sirius eine große Rolle. Sie setzten, wie die Maya, drei verschiedene Kalender ein. Der reguläre Mondkalender diente zur Berechnung der Nilschwemme und somit der geeigneten Zeit für die Aussaat. Die Nilschwemme war aber nicht gut berechenbar und konnte länger oder kürzer andauern, sodass das Mondjahr zwischen einer Länge von 335 und 415 Tagen schwankte.

Der **Verwaltungskalender** orientierte sich am Aufgang des Sirius und umfasste das Sothisjahr mit einer Länge von 365,250015 Tagen. Ptolemaios III führte 237 v. Chr. bei seiner Kalenderreform einen Schalttag ein, der nach dem Ende seiner Regentschaft jedoch wieder gestrichen wurde.

Die dritte Kalenderform war der **Tagewählkalender**, der für mythologische Zwecke gedacht war. Hier flossen astronomische und astrologische Daten mit ein und er wurde als Schicksalskalender genutzt, der gewisse Verhaltensangaben oder Vorhersagen für bestimmte Tage ermöglichte. Dabei wurden die Tage in positive und negative Tage unterteilt, woraus sich Handlungsempfehlungen ableiten ließen.

Ein astronomischer Kalender befindet sich an der Decke des Grabmals von Senenmut, dem berühmten Architekten der 18. Dynastie, der beispielsweise den Tempel von Karnak erbaut hat. Der Tempel zählt heute zum UNESCO Kultur-Welterbe. (Faksimile des Kalenders siehe nächste Seite)

Es gibt selbstverständlich noch viele weitere alte Kalender, mathematische Berechnungstafeln und unterschiedliche Zahlensysteme in den alten Hochkulturen, die wir uns jetzt aber nicht alle anschauen wollen.

Wie Sie erkennen können, zeigt sich jedoch, dass die Möglichkeiten für unterschiedliche Berechnungen und Zwecke bereits sehr alt ist und dass Unterteilungen in gute oder schlechte Tage in Verbindungen mit Vorhersagen oder Prophezeiungen verbunden waren. Dies wurde später jeweils abgewandelt und in verschiedene andere Kulturen und Systeme übernommen.

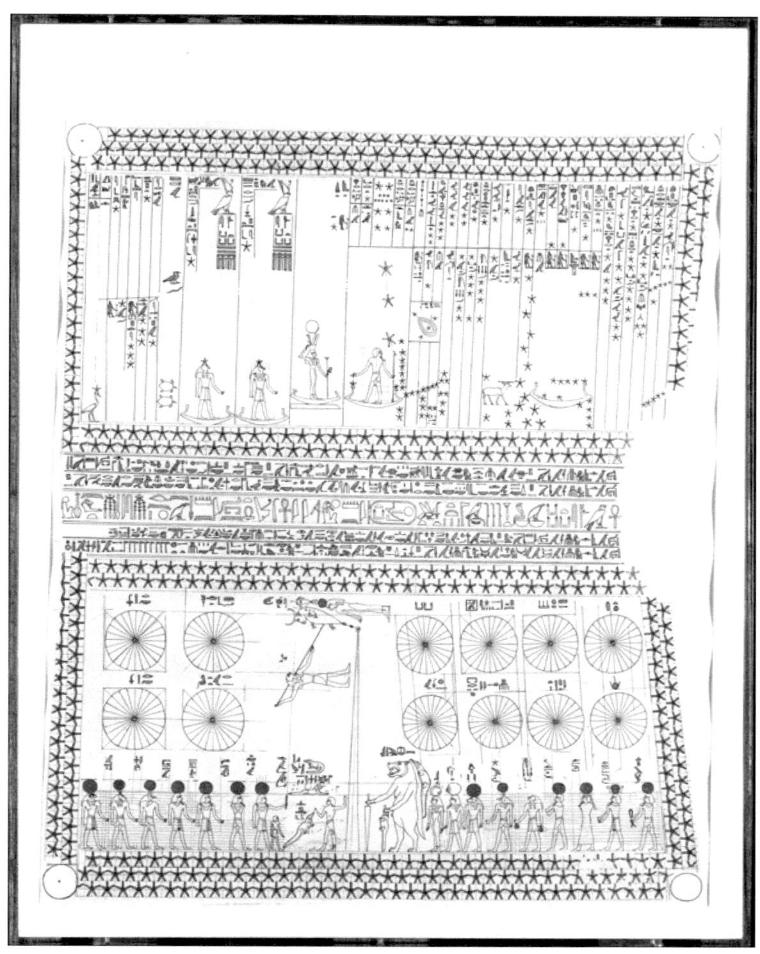

Abb. 3: Die astronomischen Aufzeichnungen im Grabmal des Senenmut, Faksimile von Charles Wilkinson, Metropolitan Museum of Art, 1948. (Wikipedia, gemeinfrei)

Heute wird der Ursprung der eigentlichen Numerologie, wie wir sie kennen, meist bei Pythagoras vermutet. Wie wir aber sehen konnten, waren Berechnungen und Orakel schon lange vorher in Verwendung. Und Pythagoras hat auch keine schriftlichen Aufzeichnungen über unser heute häufig verwendetes numerologisches System hinterlassen.

Dennoch hat er sicherlich die Verbreitung der Mathematik und Zahlenkunst maßgeblich beeinflusst. Dazu kommt, dass er im Besitz vieler berühmter Weisheiten des Alten Ägyptens war, die in sein Gedankengut mit eingeflossen sind.

Pythagoras von Samos

Die Ursprünge der Numerologie werden meist beim griechischen Philosophen **Pythagoras von Samos** verortet. Allerdings hat dieser keine schriftlichen Lehren hinterlassen und viele Informationen wurden erst Jahrhunderte später aufgeschrieben. Daher ist es schwer belegbar, was er in seiner Schule über die Philosophie, Mathematik und Naturwissenschaften gelehrt hat.

Pythagoras wurde ungefähr 570/580 v. Chr. auf Samos geboren und starb irgendwann nach 510 v. Chr. in Italien, in der griechischen Kolonie Metapont (Basilicata).

Um 530 v. Chr. gründete Pythagoras in Metapontion, Kalabrien, eine Schule und unterrichtete eine kleine Gemeinschaft, die sich auf eine disziplinierte und bescheidene Lebensweise verständigte. Diese wurde als die „pythagoreische Art des Lebens“ bezeichnet.

Pythagoras war ein hervorragender Redner, der zu den Bürgern durchdrang und seinen Einfluss auch in der Politik geltend machte. Im Rahmen verschiedener Konflikte und Kriege waren die Einwohner auch nicht mehr gut auf die **„Pythagoreer“** zu sprechen. Immerhin war Pythagoras politischer Einfluss in Italien so groß, dass sich Kroton (heute in Kalabrien) weigerte, dorthin geflüchtete Griechen an die Stadt Sybaris auszuliefern. Im dadurch ausgelösten Krieg wurde Sybaris ausgelöscht. Trotz des Sieges änderten die Krotonischen Bürger ihre Einstellung gegenüber Pythagoras, weshalb er nach Metapontion (Metaponto) umsiedelte, wo er später auch starb.

Abb. 4 Münzabbildung des Pythagoras; Münze aus der Zeit des Kaisers Decius. (Wikipedia, gemeinfrei)

Gerade weil seine Lehre erst viel später niedergeschrieben wurde, ist es schwer, ihm seine Reden, Verse oder anderen Werke konkret zuzuordnen.

Anleihen bei den alten Ägyptern

Pythagoras war hoch gebildet und griff bei seinen Lehren auch auf vorhandene Weisheiten und Wissen verschiedener alter Kulturen, wohl hauptsächlich auf die der Ägypter, zurück. Pythagoras hat offenbar bei seiner **Zahlenmystik** und **Kosmologie** Anleihen bei anderen großen Geistern gemacht. Was völlig legitim ist, da er das Wissen auf diese Art und Weise zum Nutzen aller weiterverbreiten konnte.

Ausschlaggebend dafür, dass Pythagoras die „Erfindung" der Numerologie zugeschrieben wird, ist seine angebliche, jedoch umstrittene Aussage „Alles ist Zahl". Aufgrund der Zahlen, Harmonien und Schwingungen stehen alle Dinge untereinander und miteinander in Verbindung.

Dies trifft beispielsweise auch auf die Astrologie, Astronomie oder die Musik zu, die auf bestimmten Intervallen basiert. Pythagoras konnte so verschiedene Beziehungen zwischen den Tönen und einzelnen Zahlen finden und daher die Musik genauso wie die Mathematik in seine Kosmologie einordnen. So gilt er beispielsweise auch als Entdecker der musikalischen Harmonielehre.

Pythagoras kannte die Grundbegriffe der Hermetik

Die Idee der Aussage „Alles ist Zahl" ist aber schon zu Zeiten von Pythagoras nicht neu, sondern eine Weisheit, die bereits Hermes Trismegistos im Alten Ägypten lehrte. „Alles ist Geist" oder das Prinzip der Entsprechung sowie das Prinzip der Schwingung sind Weisheiten, die zu den Grundsätzen der Hermetik gehören und von Hermes Trismegistos auf der legendären sowie berühmten „Smaragdtafel" notiert wurden. (Dazu später mehr)

Die Magie der Zahlen beeinflusste viele Bereiche

Die Zahlenmystik hat ebenfalls einen Einfluss auf die Architektur und die Kunst. Großartige Bauwerke oder Gemälde konnten so beispielsweise nach den Regeln des **„Goldenen Schnitts"** erstellt werden.

Dieser ist eine wichtige Proportionsregel, die nicht nur in der Mathematik, sondern auch bei Designarbeiten, Malerei, Bildhauerei oder der Fotografie und Architektur eingesetzt wird. Sie wirkt beim Anblick des Kunstwerks besonders harmonisch auf das Auge. Der Goldene Schnitt kommt auch in der Natur vor, beispielsweise in der Anordnung von Blütenblättern. Er kann aber auch berechnet werden. Sein Verhältnis liegt bei 1:1,618.

Abb. 5: Parthenon Tempel, Akropolis, Griechenland. Der Tempel wurde nach dem Goldenen Schnitt erbaut.[3]

Zusätzlich werden auch das Goldene Rechteck, das Goldene Dreieck, die Goldene Spirale oder der Goldene Winkel berechnet und dargestellt bzw. genutzt. Gerade in Ägypten spielte diese **Heilige Geometrie** bei der Erstellung der Tempel und Pyramiden eine große Rolle. Und durch die enge Verbindung von Griechenland und

---

[3] © Pixabay, timeflies1955, https://pixabay.com/de/photos/parthenon-griechenland-akropolis-2125566/

Ägypten ist es nicht verwunderlich, dass die damaligen Gelehrten sich das Wissen dort abschauen konnten.

Der **Goldene Schnitt** ist beispielsweise aus Aufzeichnungen des griechischen Mathematikers **Euklid von Alexandria** bekannt, der ungefähr im 3. Jahrhundert v. Chr. in Ägypten gelebt hat. Informationen über sein Leben und seine Werke sind jedoch mangelhaft belegt. Trotzdem zeigt sich hier wiederum, dass die Griechen vieles von den ägyptischen Gelehrten lernen und mit nach Hause bringen konnten.

Zahlenmystik statt Numerologie

Die höhere Mathematik war also damals für viele Zwecke wichtig, wurde aber noch nicht in der Form wie heute genutzt. Die Numerologie als solche war Pythagoras unter diesem Namen wohl nicht bekannt.

Was Pythagoras damals schon gekannt haben könnte, war das sogenannte **Milesische System**, bei dem in Griechenland und Byzanz das Alphabet in drei Gruppen mit jeweils neun Zeichen eingeteilt wurde, um bestimmte Zahlen darzustellen.

Dabei ging es um die Zahlen von 1 bis 9 in der ersten Gruppe, den Zehner von 10 bis 90 in der zweiten Gruppe und den Hundertern von 100 bis 900 in der dritten Gruppe.

Das System soll sich allerdings erst ab der Mitte des 4. Jahrhunderts vor Christus etabliert haben. Interessant, aber nicht ungewöhnlich ist es, dass die Hebräische Zahlenschrift diese Einteilung übernahm. Die Ähnlichkeiten zwischen den beiden Sprachen, dank des gemeinsamen Ursprungs der beiden Sprachen in der phönizischen Schrift, erleichterten die Übernahme.

Weitere derartige Zahlensysteme gab es auch in anderen Kulturen, beispielsweise in der arabischen Welt, wo das „Abschad“ genutzt wurde. Auch hier existierte die Einteilung der Zahlen und Buchstaben in drei Gruppen (Einer, Zehner, Hunderter) und wurde durch einen weiteren Buchstaben ergänzt, der für die Zahl 1.000 stand.

Die Zuordnung bestimmter Zahlen zu den Buchstaben des Alphabets war also durchaus bekannt, wurde aber für andere Zwecke als heute eingesetzt.

Gematrie – zur intensiveren Textdeutung

Aus den drei Systemen der griechischen, hebräischen und arabischen Gegenüberstellung von Worten und Buchstaben entwickelte sich die Interpretationskunst der Gematrie. So konnte während des Lesens eines Textes eine tiefere Bedeutung oder Beziehung zwischen Worten und Sätzen hergestellt werden, weil zusätzlich auch Zahlen mit hinein interpretiert werden konnten.

Das beste Beispiel dafür ist auch heute noch der Text der Bibel.

Hier werden der eigentlichen Aussage bestimmte Zahlen beigefügt, beispielsweise wenn Abraham 318 Knechte losschickt, um seinen Neffen Lot zu retten. Oder wenn die Zahl der von König Salomo gedichteten Lieder auf 1.005 beziffert wird. Hier wurde der Begriff „Lieder von König Salomo“ in den Zahlenwert der Buchstaben umgerechnet.

Fazit

Die Mystik der Zahlen besteht also nicht darin, dass sich damit bestimmte Dinge mathematisch berechnen lassen, sondern dass die damaligen Gelehrten mit ihrer Hilfe Verbindungen zu anderen Dingen herstellten und ihnen dadurch noch einen symbolischen Wert beimaßen.

Symbole und Bedeutungen waren in den alten Kulturen für verschiedene Rituale, religiöse Angelegenheiten oder Orakel wichtig. Es gab verschiedene Methoden, diese Symbole in der Alchemie oder Wissenschaft einzusetzen.

Heute ist die die Bedeutung vor allem in der überlieferten **Mystik der Kabbala** noch sehr lebendig. Daneben versuchen Experten, die **Bibel** mit der Zahlenmystik näher zu ergründen, die Naturwissenschaften beziehungsweise die Esoterik versuchen, die Bedeutung der Zahlen in Verbindung mit dem **Wahrsagen** zu beleuchten. Da dies aber als Aberglaube angesehen wird, hat der esoterische Bereich der Zahlenmystik einen schweren Stand.

Die kabbalistische Geheimlehre

Deren Ursprünge finden sich bereits in Babylon sowie im Alten Ägypten. Die bedeutendste Quelle für die Kabbalisten ist die Bibel. Damals existierten unterschiedliche Deutungsansätze, die jedoch nicht immer schriftlich, sondern häufig nur mündlich überliefert wurden.

Ab dem Mittelalter setzten sich die vielen unterschiedlichen Ansätze dann zu einem Gesamtwerk zusammen, in dem alle schriftlichen und mündlichen Informationen vorangegangener Kabbalisten einflossen. Diese haben sich schwerpunktmäßig darum bemüht, die Wechselbeziehungen zwischen der Welt Gottes und der der Menschen sowie zwischen Himmel und Erde oder dem Mikrokosmos und dem Makrokosmos zu ergründen.

Verbindung zur Hermetik

„Wie oben so unten, wie innen so außen, wie der Geist so der Körper". Dies besagt auch das Prinzip der Analogie, welches als eines der **Hermetischen Gesetze** aufgeführt ist. Ursprung dieser

Aussage ist die Smaragdtafel oder „Tabula Smaragdina“, die dem Hermes Trismegistos zugeschrieben wird. Sie gilt als Basis der Hermetik und eine der Grundlagen der Alchemie.

Bis heute spielen sowohl die Tafel als auch die darauf erwähnten Prinzipien eine große Rolle im Okkultismus und der Esoterik. Von dieser Tafel, die angeblich in der Cheopspyramide im Grab des Hermes gefunden worden sein soll, gibt es frühe Übersetzungen ins Arabische sowie ins Lateinische, später auch ins Englische und Deutsche.

Sinn und Zweck der kabbalistischen Lehre

Wer sich in die kabbalistische Lehre vertiefte, wollte damit **das Wesen des Kosmos** und **der ganzen Welt** inklusive **Gott ergründen**. Gott wurde als Adam Kadmon angesehen, einem kosmischen, unsterblichen Androgyn, der in einem fortlaufenden Prozess die gesamte Welt erschaffen hat.

Dabei ergießen sich laut der Kabbala zehn geistige Urkräfte in die vier kabbalistischen Welten – von der obersten, die im feinstofflichen Bereich liegt, bis zur untersten, grobstofflichen. Dargestellt wird dies häufig mit dem bekannten Diagramm des **kabbalistischen Lebensbaumes**.

Die Darstellung des Lebensbaumes auf der nächsten Seite basiert auf Josef Gikatilla (1248 – 1325), einem spanischen Philosophen, Kabbalist und Mystiker.

Seine Kenntnisse über die Buchstaben- und Zahlensymbolik übernahm er von Abraham Abulafia (1240 – 1291), einem Rabbiner und Philosophen, der die prophetische Kabbala, eine ekstatische Strömung der Kabbala, begründete. Er zählt zu den bedeutenden Mystikern des 13. Jahrhunderts.

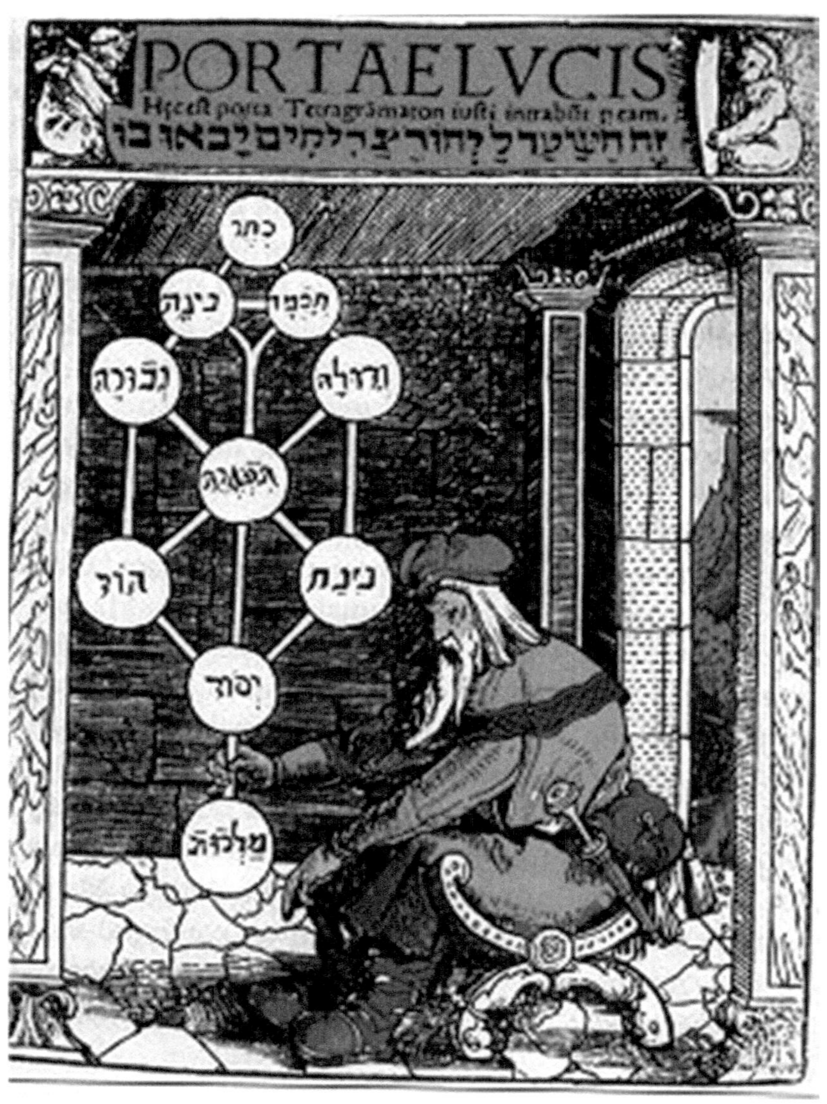

Abb. 6: In *Portae Lucis* (eigentlich שערי אורה *scha'are orah* ‚Pforten des Lichts') von Gikatilla: Mann, der einen Baum mit den zehn Sephiroth hält. (Wikipedia, gemeinfrei)

Heilige Wörter und magische Rituale

Aufgrund des Glaubens an die Wechselbeziehungen, die beispielsweise über die Sprache, aber auch über die Schrift oder die Zahlen entstehen und beeinflusst werden konnten, wurden verschiedene Heilige Wörter entwickelt und angewendet, um das Böse zu vertreiben oder Menschen zu heilen.

Aus der Kabbala wurden daher diverse magische Rituale oder Anwendungen abgeleitet, die bei verschiedenen Alltagsproblemen Abhilfe leisten konnten. Erst seit dem 16. Jahrhundert werden nun diese Lehren nicht nur mündlich, sondern auch schriftlich überliefert. So können moderne Kabbala-Schüler stets auf das große Wissen bisheriger Meister und Gelehrten zurückgreifen.

Die Beschäftigung mit der Kabbala würde ein eigenes Werk füllen und wir wollen das nicht allzu sehr vertiefen. Aber es zeigt deutlich, wie alt die Ursprünge der Zahlensymbolik und Zahlenmagie sind und wofür sie gedacht waren. Dabei ist das System sogar noch umfangreicher als gedacht:

Die **22 hebräischen Buchstaben** haben verschiedene Bedeutungen gleichzeitig und stehen jeweils für:

- Die phonetische Bedeutung des Buchstabens an sich
- Ein Bild
- Einen Zahlenwert
- Eine bestimmte Richtung innerhalb des Raumes
- Eine ganz bestimmte Zeit
- Ein Himmelsobjekt
- Ein menschliches Organ
- Eine magische Hieroglyphe

Hinzu kommt die Besonderheit, dass das hebräische Alphabet nur aus Konsonanten besteht. Kurze Wörter mit wenigen Buchstaben können zudem in Anagramme umgestellt werden, die wiederum eine eigene Bedeutung haben.

Die 22 Buchstaben:

„Mit diesen zweiundzwanzig Buchstaben formte, wog, wandelte, erschuf, stellte er (Gott) und gab Form allem was lebt und allen Seelen, die einmal sein werden.“ (Sefer Yetzirah 2:2)

Nr.	Name	Lautwert	Zahlenwert
1	Aleph	A	1
2	Beth	B, V	2
3	Gimel	G	3
4	Daleth	D	4
5	Heh	H	5
6	Vav	V, W, U	6
7	Zajin	S	7
8	Chet	Ch	8
9	Teth	T	9
10	Jod	J, I	10
11	Kaph	K	20, 500
12	Lamed	L	30
13	Mem	M	40, 600
14	Nun	N	50, 700

15	Samech	S	60
16	Ayin	(guttural)	70
17	Peh	P, F	80, 800
18	Tzaddi	Z	90, 900
19	Qoph	K, Q	100
20	Resh	R	200
21	Shin	Sch, S	300
22	Tav	T	400

Auch wenn wir nicht tiefer in die Geheimnisse der Kabbala eindringen können, zeigt Ihnen diese Einführung jedoch, wie alt die Beschäftigung der Menschen mit den Zahlen und der Magie der Buchstaben und Zahlen ist.

Die Numerologie, die wir heute anwenden, unterscheidet sich davon, den Bibeltext gründlicher zu erforschen, aber sie dient – genau wie die kabbalistischen Lehren – dazu, eine Beziehung zwischen verschiedenen Dingen zu ergründen und zu vergleichen.

Problematisch ist die Methode nur insofern, als dass wir heutzutage ein anderes Alphabet mit mehr Buchstaben nutzen und diese im Laufe der Zeit von den Okkultisten und Esoterikern dem System hinzugefügt werden mussten. Was ihnen zweifellos gelungen ist.

Die Hermetischen Gesetze

Wir schauen uns jetzt noch an, was es mit den hermetischen Gesetzen auf sich hat, die immerhin hinter der Idee stehen, dass sich alles mit allem im Beziehung und Wechselwirkung befindet und von denen auch Pythagoras Kenntnis besaß.

Die 7 hermetischen Gesetze aus dem „Kybalion“

Die Hermetischen Gesetze stammen aus den Lehren des **Hermes Trismegistos**, der auch als „Schriftgelehrter der Götter“ bezeichnet wurde. Er gilt nicht nur als der „Vater der okkulten Weisheit“, sondern auch als „Begründer der Astrologie“ und als „Entdecker der Alchemie“. Angeblich wurde er 300 Jahre alt und nach seinem Ableben nahmen ihn die Ägypter als den Gott „Thoth“ in ihrem Glauben auf. Später taten dies auch die Griechen, die ihn „Hermes, Gott der Weisheit“ nannten.

Den Legenden nach lebte Hermes Trismegistos („der dreimal Große“) zur selben Zeit wie der biblische Abraham. Seine Weisheit und seine Lehren haben sich vom Alten Ägypten aus in die unterschiedlichen esoterischen Lehren anderer Völker weiter verbreitet.

Gelehrte und Wissbegierige sowie Okkultisten aus vielen Ländern strömten nach Ägypten, um die Lehren von Hermes zu hören und zu verinnerlichen. Dabei veränderten sich einige Details, wenn diese „Schüler“ wieder in ihre Heimat zurückkehrten und das okkulte Wissen in ihren Geheimzirkeln weiter verbreiteten. Der Kern der Lehren ist dennoch erkennbar. Allerdings wollten die alten Lehrer nicht, dass das geheime Wissen zu einem Glaubensbekenntnis wurde.

So etwas ist allerdings in Persien und Indien geschehen, wo die ehemaligen Lehrer der hermetischen Weisheiten zu Priestern wurden. Auf diese Weise wurden die Philosophie und Theologie mit dem Wissen vermischt und verwässert. Schließlich wurde es als Aberglaube abgestempelt und ging langsam verloren. Ähnlich lief es später in Griechenland und in Rom ab. Nur wenige Menschen blieben übrig, die die letzten Geheimnisse tapfer hüteten und weiter überlieferten.

Abb. 7 Hermes Trismegistos, Bodenmosaik in der Kathedrale von Siena, 1480, Hier übergibt er die „Urweisheit“ seiner Kultur einem mit Mönchskutte gekleideten Vertreter des Okzidents und einem Vertreter des Orients. (Wikipedia, gemeinfrei)

Die Inschrift im Bild besagt: *„Take the letters and the laws of the Egyptians, right on the stove, which kept a sphinx // God, the creator of all things, with God himself created the visible and created the first and only person who was glad, and very loved his own son, who is called the Holy Word“* (Wikipedia)

Die Basis-Weisheiten der hermetischen Lehre wurden unter dem Begriff „**Kybalion**“ an die Schüler mündlich weitergegeben. Diese sind auch als die **7 hermetischen Gesetze** oder die 7 hermetischen Prinzipien bekannt und lauten wie folgt:

1. Das Prinzip der Geistigkeit – „Alles ist Geist“
2. Das Prinzip der Entsprechung – „Wie oben, so unten; wie unten, so oben“
3. Das Prinzip der Schwingung – „Nichts ist in Ruhe, alles bewegt sich, alles ist in Schwingung“
4. Das Prinzip der Polarität – „Alles ist zweifach, alles hat zwei Pole, alles hat sein Paar von Gegensätzlichkeiten ...“ (das bedeutet „Gegensätze können in Einklang gebracht werden; Extreme berühren sich; alles ist und ist nicht zu gleicher Zeit ...“)
5. Das Prinzip des Rhythmus – „Alles fließt aus und ein, alles hat seine Gezeiten, alle Dinge steigen und fallen, das Schwingen des Pendels zeigt sich in allem, ...“ (z. B. Ebbe und Flut, Aktion und Reaktion)
6. Das Prinzip von Ursache und Wirkung – „Jede Ursache hat ihre Wirkung, jede Wirkung ihre Ursache, alles geschieht gesetzmäßig. Zufall ist nur der Name für ein unbekanntes Gesetz. Es gibt viele Ebenen der Ursächlichkeit, aber nichts entgeht dem Gesetz.“
7. Das Prinzip des Geschlechts – „Geschlecht ist in allem, alles hat männliche und weibliche Prinzipien, Geschlecht offenbart sich auf allen Ebenen.“

Für die Numerologie sind diese hermetischen Prinzipien ebenfalls wichtig, da die Zahlen Beziehungen zwischen Personen oder Gegenständen und Orten herstellen. Sie beinhalten jedoch auch Schwingungen, Rhythmen und Frequenzen. Zahlen können sich anziehen oder abstoßen, werden als männlich oder weiblich eingeteilt und eine Veränderung der Buchstaben (und dadurch auch der Zahlen) kann eine Wirkung auf die Umwelt oder den eigenen Charakter haben.

Die legendäre Smaragdtafel

Sie gilt als ein grundlegender Text für die Hermetik und die Alchemie und wird Hermes Trismegistos zugeschrieben. Der Text besteht aus etwa zwölf gleichnishaften Sätzen, die eine Verbindung zwischen Mikrokosmos und Makrokosmos darstellen.

„*Quod est inferius, est sicut (id) quod est superius, et quod est superius, est sicut (id) quod est inferius, ad perpetranda miracula rei unius.*“ (Das was unten ist, ist wie das, was oben ist, und das was oben ist, ist wie das was unten ist, ein ewig dauerndes Wunder des Einen.)“

Abb. 8: Der Stich zeigt eine lateinisch-deutsche Fassung der *Tabula Smaragdina*, eingraviert auf einen Felsen, aus einer Ausgabe des *Amphitheatrum Sapientiae Eternae* des Alchimisten Heinrich Khunrath (1560 – 1605), Hanau 1609. (Wikipedia, gemeinfrei)

Obwohl die älteste erhaltene Version im Anhang eines arabischen Manuskripts aus dem 6. Jahrhundert gefunden wurde, wurde die Tafel erst im 12. Jahrhundert ins Lateinische übersetzt. Im Mittelalter und während der Renaissance wurde sie von vielen Alchemisten kommentiert und rezipiert.

Das Wissen der vermeintlichen Smaragdtafel wurde von Okkultisten und Esoterikern aller Völker weiter überliefert und wird auch von Eingeweihten verschiedener Geheimgesellschaften genutzt. Daraus haben sich auch die Kenntnisse der Numerologie bis in unsere Zeit retten können. Zusammengeführt wurde diese von modernen Okkultisten wie Cheiro.

Cheiro – der moderne Numerologe

Neben Pythagoras haben wir das zweite bekannte und häufig verwendete numerologische Zahlensystem dem bekannten Numerologen und Okkultisten Cheiro zu verdanken. Hinter dem Namen Cheiro verbirgt sich der irische Autor William John Warner, der auch unter dem Namen **Count Louis Hamon** bekannt ist. Er wurde 1866 in Dublin geboren und starb 1936 in Hollywood.

Cheiro praktizierte das Handlesen („Chiromantie“), die Numerologie und die Astrologie, woraus er in Kombination ein Vorhersagesystem schuf, mit dem er ganz erstaunliche Ergebnisse erzielte. Dank seines guten Rufes las er auch verschiedenen Berühmtheiten wie beispielsweise Thomas Edison oder Oscar Wilde aus der Hand. Über die Astrologie, Numerologie und das Handlesen hat er verschiedene Bücher geschrieben, von denen einige auch heute noch erhältlich sind.

Seine akkuraten Vorhersagen zogen viel Aufmerksamkeit auf sich und auch die Skeptiker, wie beispielsweise Mark Twain, mussten zugeben, dass Cheiro ihren Charakter sehr genau bestimmen konnte. Er soll in Cheiros Gästebuch geschrieben haben: *„Cheiro has exposed my character to me with humiliating accuracy. I ought not to confess this accuracy, still I am moved to do so."* (ungefähr: *„Cheiro hat mir meinen Charakter mit demütigender Genauigkeit offenbart. Ich sollte diese Genauigkeit nicht eingestehen, aber ich fühle mich dennoch dazu veranlasst, es zu tun.")*

Das System, das Cheiro benutzte, weicht bei der Zuordnung der Zahlen und Buchstaben von Pythagoras ab und kommt im Endergebnis auf eine andere Zahlenschwingung. Daher ist es wichtig, sich für ein System zu entscheiden und dann auch nur damit zu arbeiten, um keine gemischten Ergebnisse zu erhalten.

Teil II

Die vorherrschenden numerologischen Systeme

Falls Sie den ersten Teil nicht übersprungen haben, wissen Sie jetzt, warum die Zahlen und Buchstaben kombiniert wurden. Sie haben gesehen, dass antike Gelehrte die Systeme für Architektur, Astrologie, Astronomie aber auch Musik, magische Rituale und die Kunst verwendet haben.

Aufgrund der Harmonie der Zahlen können Sie heute mit wenigen einfachen Berechnungen ebenfalls das Wesen verschiedener Dinge erkennen und Persönlichkeitsstrukturen, Charaktereigenschaften und vieles mehr aus ihnen ableiten.

Bevor Sie mit den verschiedenen Arten der Berechnung und der Deutung der Ergebnisse beginnen können, müssen Sie jedoch entscheiden, nach welchem System Sie die Zahlen und Buchstaben deuten wollen. Hierzu stehen Ihnen verschiedene Systeme zur Verfügung.

Jedes ist – je nach Herkunft – **von unterschiedlichen kulturellen Einflüssen geprägt** und das kann es für Europäer schwieriger machen, Zugang dazu zu finden. Es ist daher in der Regel einfacher, mit einem westlich geprägten System zu beginnen, das auch hier bekannte Begriffe und die bei uns verwendeten astrologischen Erkenntnisse einfließen lässt.

Die astrologischen Bedeutungen mit einzubeziehen mag zunächst schwierig klingen, ist jedoch für das bessere Verständnis hilfreich. Nicht umsonst haben die Gelehrten der alten Hochkulturen diese Informationen mit genutzt. Wir werden uns die wichtigsten astrologischen Daten daher ebenfalls anschauen.

Die indische / vedische Numerologie

Diese Art der Numerologie ist beliebt, doch fußt sie auf einem anderen kulturellen Verständnis, nutzt Verbindungen zum hinduistischen Götterhimmel und beruht außerdem auf einem anderen astrologischen System als dem westlichen. Wenn Sie diese Art der Numerologie nutzen, müssen Sie sich also auf ein komplett anderes System einstellen.

Die Planeten-Zuordnungen in der vedischen Numerologie sehen beispielsweise so aus[4]:

Zahl	Planet	Indischer Name/ Gott	Richtung
1	Sonne	Surya, Ravi	Osten
2	Mond	Chandra	Nordwest
3	Jupiter	Guru	Nordosten
5	Merkur	Buddha	Nord
6	Venus	Shukra	Süd-Ost
4,7	Rahu, Ketu	Rahu, Ketu	Südwesten
8	Saturn	Shani	Westen
9	Mars	Mangala	Süd

Rahu und Ketu gelten in der indischen Astrologie als neunter Planet und sind Bezeichnungen für den aufsteigenden (Rahu) und absteigenden (Ketu) Mondknoten. Dies sind keine Planeten, sondern berechnete Punkte, an denen sich die Umlaufbahn des Mondes

[4] Quelle: https://www.love-numerology.com/de/featured-article/zahlen-und-himmelsrichtungen-norden-osten-suden-westen/

mit der Bahn der Erde bei ihrer Bewegung um die Sonne kreuzt. In der Astrologie geben die Mondknoten über die guten und schlechten Taten in der vorherigen Inkarnation Auskunft.

Alle Planeten haben Beziehungen zueinander, die in der vedischen Astrologie in freundschaftliche und feindliche Beziehungen unterteilt werden. Daraus lässt sich in Bezug auf die Zahlen auch ersehen, wer mit wem gut oder schlecht auskommt.

Die Zahlenbeziehungen / Planetenbeziehungen in der vedischen Astrologie sehen so aus[5]:

Planet	Freunde	Feinde
Sonne	Mond, Mars, Merkur, Jupiter	Venus, Saturn, Rahu, Ketu
Mond	Sonne, Mars, Jupiter	Merkur, Venus, Saturn, Rahu, Ketu
Mars	Sonne, Mond, Jupiter, Venus	Merkur, Venus, Saturn, Rahu, Ketu
Merkur	Sonne, Jupiter, Venus, Saturn	Mond, Mars, Rahu, Ketu
Jupiter	Sonne, Mond, Mars, Merkur, Venus	Saturn, Rahu, Ketu
Venus	Mars, Merkur, Saturn	Sonne, Mond, Rahu, Ketu
Saturn	Merkur, Venus	Sonne, Mond, Mars, Jupiter Rahu, Ketu

[5] Quelle: https://www.love-numerology.com/de/featured-article/zahlen-und-himmelsrichtungen-norden-osten-suden-westen/

Die Numerologie nach Pythagoras und Cheiro

Einfacher verständlich sind daher beispielsweise die Systeme von **Pythagoras** und **Cheiro**. Allerdings gehören auch hier viele Elemente der Astrologie zur Deutung dazu!

Gerade Cheiro hat im letzten Jahrhundert die damals bekannten Aspekte, Begriffe und Teilbereiche in seine Deutungen eingearbeitet und sie damit für die westliche Welt verständlich interpretiert. Seine Arbeit enthält die bekanntesten Einflüsse aus verschiedenen Disziplinen der Zukunftsvorhersage sowie der von ihm recherchierten und überlieferten okkultistischen Weisheiten. Er konnte damit die Pythagoras bekannten Lehren und Informationen einbeziehen, aber zusätzlich mit danach entstandenen Forschungsergebnissen aus dem Mittelalter ergänzen und adaptieren.

Nach ihm sind noch viele weitere Numerologen auf den Plan getreten, die ihre eigenen Methoden entwickelt haben. Sie finden daher sehr viele Informationen darüber im Internet, die sich teilweise auch widersprechen können – je nachdem, aus welchem System sie abgeleitet oder weiterentwickelt wurden.

➔ Wie bereits erwähnt, ist es aus diesem Grund umso wichtiger, dass Sie sich für **eine Methode** entscheiden und diese beibehalten, ohne sie mit verschiedenen Themen oder neuartigen Berechnungen nach Belieben zu vermischen. Nur so können Sie dauerhaft sinnvolle und vergleichbare Ergebnisse erzielen.

Wir wollen uns hauptsächlich auf Cheiro konzentrieren und auf allzu intensive astrologische Details verzichten, um die Berechnungen für Sie als Anfänger praxistauglich zu gestalten. Wenn Sie Lust auf mehr bekommen, können sie jederzeit auf dieses Wissen aufbauen.

Teil III

Die Basis der Numerologie

Sie haben in der Numerologie die Möglichkeit, völlig verschiedene Dinge zu berechnen und müssen dabei jeweils auf andere Daten (Zahlen oder Buchstaben) zugreifen. Praktisch: bei der Ermittlung der Geburtstagszahl müssen Sie nur minimal rechnen.

Geburtsdatum

Um beispielsweise den Charakter oder das Wesen eines Menschen näher zu beleuchten, ist der Tag der Geburt aussagekräftig. Wir können die Geburtstagszahl, den Geburtsmonat oder das Geburtsjahr einer näheren Prüfung unterziehen.

Astrologisches Wissen (günstige/ungünstige Tage)

Wenn Sie günstige Tage für Projekte, Unternehmensgründungen, Eheschließungen oder anderes suchen, können Sie ebenfalls mit den Tagesdaten rechnen. Zusätzlich helfen Ihnen dabei astrologische Informationen über günstige Tage oder Jahreszeiten.

Die Astrologie hilft unter anderem dabei, zu klären, welche Zahlen oder Charaktere miteinander harmonieren und welche sich neutral oder gar feindlich gegenüberstehen.

Namenszahlen

Aus dem Namen einer Person, einer Sache oder eines Objektes (z. B. Tiere, Orte, Länder oder Städte) lassen sich die Wesenskerne der betreffenden Dinge herauslesen. Dafür müssen Sie auf die Umrechnungstabelle zurückgreifen, die jedem Namen eine Zahl zuordnet.

Die wichtigsten **Rechenschritte**, die Sie dafür benötigen, sind die Addition sowie die Ermittlung der Quersumme.

Astrologische Daten

Sie müssen kein Meister der Astrologie sein oder werden, um diese Daten in die Berechnungen mit einzubeziehen. Für die Deutung des Charakters sowie bestimmte Gegenstände, die den Zahlen zugeordnet werden, ist das Hintergrundwissen allerdings hilfreich.

Die Astrologie versucht beispielsweise, genau wie die Numerologie, bestimmte Gegenstände wie Nahrungsmittel oder sogar Farben, Edelsteine oder auch Düfte den Personen zuzurechnen, die unter einem bestimmten Sternzeichen geboren sind.

Wenn Sie Ihre Geburtstagszahl berechnen, erhalten Sie eine Zahl, die auch einem Planeten zugeordnet wird. Jeder Planet ist gleichzeitig der Herrscher eines der 12 Tierkreiszeichen, welches wiederum während eines bestimmten Abschnitt des Jahres regiert.

Günstige Zeiten jeder Person mit der Nummer 1 bis 9 fallen beispielsweise in die Zeiträume, in denen die Planeten herrschen oder die entsprechenden Tierkreiszeichen regieren.

Aufgrund dieses Hintergrundes benötigen Sie zumindest ein rudimentäres Wissen über diese Zusammenhänge. Ich werde Ihnen die entsprechenden Informationen dazu jeweils in Tabellenform aufführen, sodass Sie alles schnell und bequem nachschlagen können, ohne etwas zu berechnen.

Der astrologische Tierkreis

Abb. 9: Der astrologische Tierkreis.[6]

[6] © Pixabay, GDJ, https://pixabay.com/de/vectors/tierkreis-astrologie-astronomie-5921179/

Teil IV

Das Deutungssystem nach Cheiro

Astrologie bei Cheiro

Auch bei Cheiro haben die Monate und Planeten eine ihnen zugeordnete Zahl, wie in der vedischen Astrologie – allerdings arbeitet sein System ohne die Mondknoten und nur mit den Planeten.

Der Tierkreis und das astrologische Jahr beginnt stets mit dem Widder (21. März bis 19. April). Sein Herrscherplanet ist der Mars und die zugehörige Zahl die 9. Es folgt der Stier mit Herrscherplanet Venus und der Zahl 6, dann die Zwillinge mit Merkur und so weiter (siehe Tabelle unten) ...

Einige Planeten sind Herrscher von mehreren Tierkreiszeichen und besitzen daher laut Cheiro negative oder positive Aspekte im jeweiligen Zeichen.

Wir erhalten folgende Planeten-Zuordnung:

Widder	Mars (positiv)	9
Stier	Venus (positiv)	6
Zwillinge	Merkur (positiv)	5
Krebs	Mond (positiv)	2 und 7
Löwe	Sonne (positiv)	1 und 4
Jungfrau	Merkur (negativ)	5
Waage	Venus (negativ)	6
Skorpion	Mars (negativ)	9
Schütze	Jupiter (positiv)	3
Steinbock	Saturn (positiv)	8
Wassermann	Saturn (negativ)	8
Fische	Jupiter (negativ)	3

Zuordnung von Planeten und Wochentagen

Folgende Zahlen werden den Planeten zugeordnet:

1	Sonne
2	Mond
3	Jupiter
4	Uranus
5	Merkur
6	Venus
7	Neptun
8	Saturn
9	Mars

Auch die Wochentage haben zugeordnete Zahlen:

Sonntag	1 und 4
Montag	2 und 7
Dienstag	9
Mittwoch	5
Donnerstag	3
Freitag	6
Samstag	8

Diese Zuordnungen zu kennen ist wichtig, um ideale Tage für geplante Unternehmungen oder Projekte zu bestimmen.

Geburtstagszahlen

Kurze Charakterkunde nach der Geburtstagszahl

Praktisch ohne Berechnung kommen Sie aus, wenn Sie eine von 9 möglichen Charakterzahlen bestimmen wollen.

Diese hängt mit dem Tag ihrer Geburt zusammen. Also nicht mit dem kompletten Datum, sondern wirklich nur mit dem einen Tag – Ihrer **Geburtstagszahl.** Daneben gibt es noch die Geburtsmonatszahl und die Geburtsjahreszahl. Die Tageszahl ist davon die persönlichste und individuellste und exakter als Monat oder Jahr.

Die Tageszahlen kommen auf die Weise zustande, dass bei Zahlen über 9 die Quersumme berechnet wird. Wenn Sie also an einem 19. des Monats geboren sind, zählen Sie die 1 und 9 zusammen und erhalten die Zahl 10. Hier zählen Sie wiederum die 1 und die Null zusammen und erhalten die 1 als Endergebnis. So verfahren Sie auch mit den anderen Tagen. Die Quersumme zu bilden ist der wichtigste Rechenschritt in der gesamten Numerologie.

Tabelle der Geburtstagszahlen:

Geburtstagszahl	Geboren am ... eines Monats
1	1. / 10. / 19. / 28.
2	2. / 11. / 20. / 29.
3	3. / 12. / 21. / 30.
4	4. / 13. / 22. / 31.
5	5. / 14. / 23.
6	6. / 15. / 24.
7	7. / 16. / 25.
8	8. / 17. / 26.
9	9. / 18. / 27.

Bedeutung der Geburtstagszahlen nach Cheiro

Wenn Sie eine „1“ sind

Die 1 steht für die Sonne und den Anfang – nicht nur der Zahlenreihe, sondern auch des Lebens. Die 1 ist eine männliche Zahl und körperlich meist sehr kräftig.

Die 1 ist kreativ und erfinderisch und legt Wert auf Individualität. Sie kann sich durchsetzen und ihre Meinung vertreten. Mit ihrer Hartnäckigkeit erreicht sie stets ihr Ziel. Die 1 ist ehrgeizig und karriereorientiert. Sie hat gerne eine Führungsposition inne und will sich nicht einschränken lassen.

- Günstige Tage für die 1 sind der Sonntag und der Montag.
- Günstige Zeiträume sind der 21. Juli bis 28. August sowie der 21. März bis 28. April.
- Günstige Kalendertage (nach Zahl) sind die Einser-Tage (1, 10, 19, 28) sowie die 2, 4, 7, 11, 13, 16, 20, 22, 25, 29 oder 31
- Die 1 kommt gut mit Personen aus, die unter der 2, 4 oder 7 geboren sind.
- Der 1 zugeordnete Edelsteine sind beispielsweise der Topas oder Bernstein sowie andere gelbe Steine, die sich an den günstigen Farben orientieren.
- Günstige Farben der Zahl 1 sind: Gold, Gelb, Bronze, Goldbraun sowie Schattierungen dieser Farben.

Wenn Sie eine „2“ sind

Die 2 steht für den Mond und ist eine weibliche Zahl. Die 1 und die 2 harmonieren sehr gut miteinander.

Die 2 ist romantisch, künstlerisch begabt und sehr phantasiereich. Sie führt ihre erfinderischen Eingebungen jedoch nicht so kraftvoll aus wie die 1, auch körperlich ist die 2 schwächer als die 1.

Schwächen der Zweier-Menschen sind beispielsweise Überempfindlichkeit, mangelndes Selbstbewusstsein, Rastlosigkeit oder das Unvermögen, kontinuierlich an ihren Plänen zu arbeiten.

- Günstige Tage für die 2 sind der Montag, Freitag und Sonntag.
- Günstiger Zeitraum ist der 20. Juni bis 27. Juli
- Günstige Kalendertage (nach Zahl) sind zunächst die eigenen Tage (2, 11, 20, 29) sowie 1, 4, 7, 10, 13, 16, 19, 22, 25, 28, 31.
- Die 2 kommt gut mit Personen aus, die unter der 1 geboren sind, sowie etwas weniger gut mit denen, die unter der 7 geboren sind.
- Der 2 zugeordnete Edelsteine sind beispielsweise Mondstein und Jade sowie Perlen.
- Günstige Farben der Zahl 2 sind: Weiß, Schattierungen von Grün, sowie Cremefarben. Dunkle Farben wie Dunkelrot, Lila oder Schwarz sollten die Zweier vermeiden.

Wenn Sie eine „3“ sind

Die 3 steht für den Planeten Jupiter und ist der Anfang der Hauptkraftlinie, die lt. Cheiro durch die Zahlen 3 – 6 – 9 verläuft.

Die 3 ist besonders ehrgeizig und will möglichst hoch aufsteigen, um die Kontrolle über Untergebene zu haben. Sie übernimmt gerne die Verantwortung und gibt auch gerne Befehle. Darüber hinaus liebt sie Disziplin und Ordnung. Aufgrund dieser Eigenschaften findet man die 3 häufig als Vorgesetzte beim Militär.

Die 3 hat allerdings auch Schattenseiten: Sie ist stolz, neigt zum Gehabe eines Diktators und will immer ihre eigenen Ideen durchsetzen. Sie ist gerne frei und unabhängig und außerdem sehr stolz.

- Günstige Tage für die 3 sind Dienstag, Donnerstag und Freitag.
- Günstige Zeiträume sind vom 19. Februar bis 27. März sowie 21. November bis 27. Dezember
- Günstige Kalendertage (nach Zahl) sind die Dreier-Tage 3, 12, 21 und 30 sowie 6, 9, 15, 18, 24 und 27.
- Die 3 kommt gut mit Personen aus, die unter der 3, 6 oder 9 geboren sind.
- Der 3 zugeordnete Edelsteine sind beispielsweise der Amethyst und Steine ähnlicher Farben.
- Günstige Farben der Zahl 3 sind: Violett- und Purpurtöne sowie alle Schattierungen von Blau, Karmesin- und Rosenrot.

Wenn Sie eine „4“ sind

Die 4 ist verbunden mit dem Uranus und sieht alle Dinge aus einer anderen Perspektive. Sie ist schnell in allen Angelegenheiten in der Opposition, was ihr viele Feinde bringt.

Die 4 ist rebellisch und stemmt sich gegen Autoritäten, Regeln und Vorschriften aller Art. Vieren sind unkonventionelle Reformer, die zu allem ihre Ansichten weitergeben.

Die 4 strebt nicht nach Erfolg und macht sich auch nichts aus Reichtum. Wenn die 4 Geld zur Verfügung hat, dann gibt sie es sogar häufig für einen guten Zweck aus.

Die 4 ist besonders empfindlich und schnell verletzt. Sie fühlt sich isoliert, einsam oder melancholisch und ist außerdem sehr leicht reizbar. Da sie etwas schwierig im Umgang ist, hat die 4 nur wenige, dafür gute Freunde.

- Günstige Tage für die 4 sind Montag, Samstag und Sonntag
- Günstige Zeiträume sind vom 21.06. bis 27.07. und 22.07. bis 31.08.
- Günstige Kalendertage (nach Zahl): 4, 13, 22, 31 sowie 1, 2, 7, 10,11, 16, 19, 20, 25, 28, 29.
- Die 4 kommt gut mit Personen aus, die unter der 1, 2, 7 und 8 geboren sind, haben aber Probleme mit anderen Vieren.
- Der 4 zugeordnete Edelsteine sind beispielsweise der Saphir oder der Onyx.
- Günstige Farben der Zahl 4 sind vor allem Blau, Grau sowie Schattierungen aus diesen Farben.

Wenn Sie eine „5“ sind

Die 5 ist genau wie der ihr zugeordnete Merkur lebhaft und vielseitig, schließt schnell Freundschaften und kommt mit fast allen anderen Zahlen gut aus.

Die 5 ist schnell und impulsiv, was auch von ihrer ständigen Nervosität kommt. Fünfen brennen regelrecht darauf, aufregende Dinge zu unternehmen und zu erleben. Daher sind langweilige Jobs oder Routinetätigkeiten nichts für sie. Am liebsten setzt die 5 ihren scharfen Geist für ihren Lebensunterhalt ein. Daher findet man viele erfolgreiche Spekulanten unter den Fünfern.

Schicksalsschläge prallen, genau wie gute Ratschläge oder hartnäckige Überzeugungsversuche, einfach von der 5 ab. Alle genannten Dinge hinterlassen praktisch keine Spuren bei ihr. Aufgrund der mangelnden Nervenstärke leidet die 5 oft unter Anspannungen oder erleidet einen Nervenzusammenbruch. Sie ist dann reizbar und intolerant gegenüber „Dummköpfen".

- Günstige Tage für die 5 sind Mittwoch und Freitag
- Günstige Zeiträume sind 21.05. – 27.06. und 21.08. – 27.09.
- Günstige Kalendertage (nach Zahl) 5, 14, 23
- Die 5 kommt gut mit Personen aus, die ebenfalls unter der 5 geboren sind.
- Der 5 zugeordnete Edelsteine sind beispielsweise der Diamant sowie andere glitzernde Schmucksteine.
- Günstige Farben der Zahl 5 sind: Hellgrau und Weiß.

Wenn Sie eine „6" sind

Die 6 gehört zum Planeten Venus und wirkt daher auf andere genauso anziehend und magnetisch. Während die 6 nach außen hin unnachgiebig wirkt, kann sie, wenn sie verliebt ist, auch zum Sklaven der angebeteten Person werden und ihre Ziele entsprechend anpassen oder herunterschrauben.

Die 6 ist romantisch, doch ist ihre Art der Liebe eher mütterlich als sinnlich. Eifersucht verträgt sie überhaupt nicht. Sie umgibt sich gerne mit schönen Dingen wie Kunst und Musik. Die reiche 6 gibt ihren Freunden gerne etwas ab und ist großzügig. Sie kommt auch mit fast allen Zahlen gut aus.

Wird die 6 in Rage versetzt, dann kann sie hartnäckig und notfalls bis zum Tod der Opponenten ihre Position verteidigen.

- Günstige Tage für die 6: Dienstag, Donnerstag, Freitag
- Günstige Zeiträume sind. 20.04. – 27.05. / 21.09. – 27.10.

- Günstige Kalendertage (nach Zahl) 6, 15, 24; 3, 9, 12, 18, 21, 27, 30.
- Die 6 kommt gut mit Personen aus, die ebenfalls unter der 6 geboren sind.
- Der 6 zugeordnete Edelsteine sind beispielsweise Türkis und Smaragd.
- Günstige Farben der Zahl 6 sind alle Blautöne oder auch Rosa-Schattierungen. Ungünstig sind jedoch Purpur oder Schwarz.

Wenn Sie eine „7" sind

Die 7 steht im Zusammenhang mit Neptun und damit auch mit dem Element Wasser. Durch die Verwandtschaft zum Mond kommt die 7 auch mit der 2 gut aus.

Die 7 besitzt eine starke Individualität, ist originell und unabhängig und liebt das Reisen und die ständige Veränderung. Sie ist immer ein wenig unstet und ruhelos und häuft im Laufe des Lebens ein großes Wissen an. Daher findet man unter dieser Zahl auch viele Dichter, Maler oder Schriftsteller.

Die 7 ist originell und kümmert sich wenig um materielle Dinge. Sie verdienen gerne Geld mit ungewöhnlichen Ideen und sind nicht dafür bekannt, ihren Reichtum zu teilen oder zu spenden. Durch die Liebe zu Wasser, Meer und Reisen findet man unter der 7 auch oft Kapitäne.

Die 7 beschäftigt sich gerne mit mysteriösen oder okkulten Dingen und kann mit bestehenden religiösen Systemen wenig anfangen. Sie entwickelt eher eine eigene.

- Günstige Tage für die 7 sind Montag und Sonntag
- Günstiger Zeitraum ist der 21. Juni bis 31. August

- Günstige Kalendertage (nach Zahl) sind 7, 16, 25, 1, 2, 4, 10, 11, 13, 19, 20, 22, 28, 29, 31.
- Die 7 kommt gut mit Personen aus, die unter der 2 geboren sind.
- Der 7 zugeordnete Edelsteine sind beispielsweise Mondstein, Katzenauge und Perlen.
- Günstige Farben der Zahl 7 sind: Weiß, Grün- und Gelbtöne.

Wenn Sie eine „8“ sind

Die 8 steht auch für den Saturn. Personen unter dieser Zahl sind häufig einsam und fühlen sich oft missverstanden. Sie sind jedoch tiefgründige Personen mit großer Kraft und einem hohen Maß an Individualität. Eine religiöse 8 neigt leider zum Fanatismus.

Die 8 ist häufig erfolgreich und ist ehrgeizig genug, um ein öffentliches Amt anzustreben. Sie fühlt sich auch in hohen Positionen wohl, die persönliche Opfer erfordern.

Auch wenn die 8 häufig kalt oder reserviert wirkt, hat sie doch ein weiches Herz und zeigt ihre Gefühle nicht gerne. Die 8 hat im Leben oft mit Verlusten und Kummer und sogar mit Erniedrigung zu kämpfen.

- Günstige Tage für die 8 sind Montag, Samstag und Sonntag.
- Günstiger Zeitraum ist der 21. Dezember bis 26. Februar.
- Günstige Kalendertage (nach Zahl): 8, 17, 26, 4, 13, 22, 31.
- Die 8 kommt gut mit Personen aus, die unter der 4 geboren sind.
- Der 8 zugeordnete Edelsteine sind beispielsweise der Amethyst, ein dunkler Saphir sowie ein schwarzer Diamant oder eine schwarze Perle.

- Günstige Farben der Zahl 8 sind: Dunkelgrau, Schwarz, Dunkelblau, Lila.

Wenn Sie eine „9“ sind

Die 9 gehört zum Planeten Mars – und genau wie der Kriegsgott Mars sind auch die 9er-Menschen Kämpfer, die mit ihrer Entschlossenheit und einem starken Willen für alles kämpfen, was ihnen wichtig ist – oder gegen die Schwierigkeiten, die das Leben ihnen in den Weg stellt.

Sie wollen unabhängig und ihr eigener Chef sein. Kritik und Einmischungen mögen sie überhaupt nicht. Dabei sind sie temperamentvoll, impulsiv und ungestüm. Dennoch sind sie gute Organisatoren und sehr einfallsreich. Sie müssen allerdings die Kontrolle über alles behalten, um nicht das Interesse an einer Arbeit oder Aufgabe zu verlieren.

Kommt die Zahl 9 im Leben dieser Personen gehäuft vor, werden sie oft in Streitigkeiten verwickelt und machen sich viele Feinde. Auch in der Familie.

Die 9 ist mutig und gibt sowohl einen guten Soldaten ab als auch einen guten Führer. Problematisch ist allerdings, dass die 9 unfallgefährdet ist – besonders, wenn es um Explosionen oder Feuer geht. Die 9 hat im Laufe ihres Lebens daher viele Operationen zu überstehen.

- Günstige Tage für die 9 sind Dienstag, Donnerstag und Freitag.
- Günstige Zeiträume sind der 21.03. – 26.04. und 21.10. – 27.11.
- Günstige Kalendertage (nach Zahl): 9, 18, 27 sowie 3, 6, 12, 15, 21, 24, 30.
- Die 9 kommt gut mit Personen aus, die unter der 3, 6 oder 9 geboren sind .

- Der 9 zugeordnete Edelsteine sind beispielsweise Rubin, Granat oder Hämatit.
- Günstige Farben der Zahl 9 sind: Rot, Rosa, Pink sowie Schattierungen von Karmesinrot

*

Um den Charakter eines Menschen grob einschätzen zu können, genügt also ein Blick auf den Tag seiner Geburt. Da die Chaldäer und Hebräer laut Cheiro geeignete Tage für bestimmte Unternehmungen anhand der Namenszahl festlegten, ist es hilfreich, den Namen gemäß der folgenden Tabellen ebenfalls umzurechnen und zu analysieren.

Um die „richtige“ Schwingung umzurechnen, müssen Sie daher den am häufigsten benutzten Namen für die Berechnung wählen. Sollten Sie beispielsweise mehr als einen Vornamen besitzen, jedoch nur einer davon („Rufname“) üblicherweise verwendet wird, dann berechnen Sie die Namenszahl mit diesem Namen. Künstler, die überwiegend mit ihrem Künstlernamen und nicht dem Geburtsnamen angesprochen werden, sollten den Künstlernamen numerologisch berechnen.

Die Namenszahl ergibt jedoch nicht nur einen günstigen Tag für Ihre Unternehmungen, sondern einen zusätzlichen charakterlichen Hinweis oder eine Namensschwingung anhand der vorhin besprochenen 9 Zahlen.

Darüber hinaus gibt es noch Folgendes zu beachten: Die einstellige Namenszahl (Quersumme) zeigt die Person so, wie sie von anderen gesehen wird, die zweistellige Zahl zeigt die verborgenen Kräfte der Person oder ihre Berufung an.

Berechnungen der Namenszahlen

Unser Name begleitet uns täglich – als Namensschild, im Ausweis oder bei Unterschriften.

Für die Berechnung von Namen benötigen Sie jetzt eine geeignete Umrechnungstabelle. Hier haben Sie zwei Varianten zur Auswahl – die von Pythagoras und die von Cheiro. Damit können Sie beliebige Namen und Begriffe berechnen und so den jeweiligen Charakter oder die Schwingung erkennen.

Prüfen Sie damit beispielsweise neben Ihrem eigenen Namen den Ihrer Haustiere, Ihrer Firma oder eines Unternehmens, bei dem Sie in Aktien investieren möchten. Sie können aber auch den Namen Ihres Wohnortes oder Ihrer Adresse und vieles andere berechnen.

Grundsätzlich müssen Sie dafür nur den betreffenden Namen oder Begriff niederschreiben und den Buchstaben die Zahlen aus der Tabelle zuordnen. Sie können diese dann addieren und so lange die Quersumme bilden, bis Sie auf eine Zahl zwischen 1 und 9 kommen. *(Im Idealfall sind die Geburtstagszahl und Namenszahl identisch.)*

Dabei können Sie bei der Namenszahl einer Person beispielsweise den Vornamen und den Nachnamen jeweils getrennt betrachten, um beispielsweise auch festzustellen, wie sich die Namensschwingung nach einer Eheschließung ändert.

Das Berechnungssystem nach Pythagoras

Die Tabelle ist besonders simpel aufgebaut, da die Buchstaben von A bis Z in fortlaufender Reihenfolge nummeriert sind, bei Cheiro geht es eher ein wenig durcheinander. Das werden Sie optisch gleich an den Tabellen erkennen.

Bei Pythagoras werden die Zahlen von 1 bis 9 genutzt und wie folgt den Buchstaben zugeordnet:

1	2	3	4	5	6	7	8	9
A	B	C	D	E	F	G	H	I
J	K	L	M	N	O	P	Q	R
S	T	U	V	W	X	Y	Z	

Das Berechnungssystem nach Cheiro

Cheiro verwendet für die Buchstaben nur die Zahlen 1 bis 8, da die 9 als heilig gilt und nicht für die Auszählung verwendet werden darf. Als Ergebniszahl kann sie natürlich trotzdem vorkommen und auch gedeutet werden.

Zudem gilt die Zahl 9 als neutral bei der Berechnung von Quersummen, da sie auf einstellige Ergebnisse gar keinen Einfluss hat.

Seine Tabelle lautet wie folgt:

1	2	3	4	5	6	7	8
A	B	C	D	E	U	O	F
I	K	G	M	H	V	Z	P
Q	R	L	T	N	W		
J		S		X	ß/ss		
Y	Ü	Ö			Ä		

Das Erkennen der Grundschwingung oder des Charakters von Menschen, Tieren oder Vereinigungen entspricht dem Antrieb der ersten Anwender dieser Methode und dem Streben der Kabbalisten, die durch die Numerologie den ganzen Kosmos besser verstehen wollten.

Bedeutung der Namenszahlen von 10 bis 52

Zweistellige Zahlen enden nicht bei der Zahl 52, allerdings hat Cheiro in seinem numerologischen System nur die Symbolik dieser Zahlen – bis hin zur „mysteriösen 52“ untersucht und in sein System integriert. Die 52 steht für die Anzahl der Wochen innerhalb des Jahres. Er verbindet außerdem die Bedeutung der Zahlen gleichzeitig mit der entsprechenden Karte des Tarots.

Seiner Ansicht nach sind die Zahlen von 1 bis 9 die Zahlen, die der materiellen und körperlichen Seite zugeordnet werden können, während die darüber hinausgehenden Zahlen zur spirituellen und okkulten Seite gehören.

Überblick über die Zahlen 10 bis 22, in Analogie zum Tarot

Zahl	Tarotkarte	Bedeutung
10	Das Rad des Schicksals	Ehre, Treue, Selbstbewusstsein, Aufstieg und Fall.
11	Gerechtigkeit	Heimliche Gefahren, Prozesse, Verrat durch andere.
12	Der Gehängte	Leid und Angst, die 12 wird für die Pläne anderer Personen geopfert.
13	Der Tod	Veränderung von Orten, Berufen und Plänen, Zerstörung durch Machtmissbrauch.
14	Mäßigkeit	Bewegung und Verbindung mit anderen Menschen oder Dingen; Gefahr durch Naturkräfte, Gefahren und Risiken in geschäftlichen und finanziellen Dingen (verursacht durch andere)

15	Der Teufel	Diese Person kann Magie einsetzen, um ihre Ziele zu erreichen. In Verbindung mit positiven Zahlen wird sie erfolgreich sein, bei negativen Zahlen sogar Schwarze Magie für ihre Ziele verwenden. Die 15 steht für künstlerisch begabte Menschen mit starker Anziehungskraft.
16	Der Turm	Schicksalsschläge, Unfallgefahr und Misserfolge sind hier beinahe an der Tagesordnung.
17	Der Stern	Diese Personen meistern ihr Leben und bleiben anderen auch nach ihrem Tod in Erinnerung: Sie schaffen etwas Bleibendes.
18	Der Mond	Die 18 hat im Leben viele Kämpfe zu bestehen, Gefahren sind Auseinandersetzungen, Kriege, Verrat, Betrug und die Gefahr durch die Elemente.
19	Die Sonne	Glück, Erfolg, Wertschätzung, Ehre
20	Das Gericht	Ziele, Pläne, Ehrgeiz, große Ziele, geistige Entwicklung.
21	Die Welt	Beförderung, Erfolg, Ehre, Aufstieg, Sieg nach langem Kampf und erfolgreichem Bestehen von Prüfungen.

Die Zahlen 22 bis 29

Zahl	Bedeutung
22	Warnung vor Illusionen oder Wahnvorstellungen, diese Menschen leben häufig in einer Traumwelt.
23	Die 23 steht für Erfolg, Hilfe und Schutz. Der Schutz kommt von einflussreichen Personen und die Hilfe häufig von Vorgesetzten.
24	Unterstützung durch Gruppen einflussreicher Personen, häufig die des anderen Geschlechts.
25	Zahl der inneren Kraft, erworben durch eine lange Erfahrung und der Beobachtung von Dingen und Menschen. Der Erfolg kommt nur durch überwundene Kämpfe und Streit in der Jugend.
26	Diese Zahl warnt besonders vor Risiken und Ruin durch Teilhaberschaften, Spekulation, unkluge Investitionen oder schlechten Ratschlägen.
27	Die 27 ist günstig und steht für Macht und Erfolg durch Klugheit und kreative Fähigkeiten.
28	Diese Personen haben ein großes Potenzial, müssen jedoch besonders vorsichtig sein bei der Zukunftsplanung, da sie in der Regel mit vielen Rückschlägen kämpfen müssen. Verluste kommen von Konkurrenten oder durch das Gesetz.
29	Diese Zahl ist ungünstig. Sie zeigt Betrug, Verrat durch andere, Kummer, Gefahren, Prozesse, unzuverlässige Freunde.

Die Zahlen 30 bis 39

Zahl	Bedeutung
30	Erinnerungen und Rückschau, diese Person macht sich nichts aus materiellen Dingen, sondern nur aus geistigen Überlegungen und Wissen.
31	Ähnlich der 31, aber diese Personen sind noch verschlossener und isolieren sich freiwillig.
32	Die 32 knüpft international viele Kontakte und ist erfolgreich, wenn sie zu ihrer eigenen Meinung steht. Ansonsten werden ihre Pläne von anderen torpediert und zerstört.
33	Wie 24, da die Zahlen derselben Reihe angehören
34	Wie 25, da die Zahlen derselben Reihe angehören
35	Wie 26, da die Zahlen derselben Reihe angehören
36	Wie 27, da die Zahlen derselben Reihe angehören
37	Diese Zahl steht für gute Partnerschaften und großes Liebesglück. Sie ist außerdem positiv, wenn es um Teilhaberschaften geht.
38	Wie 29, da die Zahlen derselben Reihe angehören
39	Wie 30, da die Zahlen derselben Reihe angehören

Die Zahlen 40 bis 49

Zahl	**Bedeutung**
40	Wie 31, da die Zahlen derselben Reihe angehören
41	Wie 32, da die Zahlen derselben Reihe angehören
42	Wie die Zahl 24
43	Äußerst ungünstig. Revolution, Streit, Misserfolg.
44	Wie die Zahl 26
45	Wie die Zahl 27
46	Wie die Zahl 37
47	Wie die Zahl 29
48	Wie die Zahl 30
49	Wie die Zahl 31

Die Zahlen 50 bis 52

Zahl	Bedeutung
50	Wie die Zahl 32
51	Eine starke Zahl mit der Kraft des Kriegers, die auch für Beförderung steht. Ideal für Militärangehörige. Allerdings bedroht diese Zahl ihre Feinde und kann sogar Mord heraufbeschwören.
52	Wie die Zahl 43

Die kabbalistische Zahlenreihe nach Cheiro

Zum schnellen Überblick, auf welche Grundzahlen sich die Zahlen reduzieren lassen, ist folgende Tabelle hilfreich:

Eins	1	10	19	28	37	46	55	64	73	82	91
Zwei	2	11	20	29	38	47	56	65	74	83	92
Drei	3	12	21	30	39	48	57	66	75	84	93
Vier	4	13	22	31	40	49	58	67	76	85	94
Fünf	5	14	23	32	41	50	59	68	77	86	95
Sechs	6	15	24	33	42	51	60	69	78	87	96
Sieben	7	16	25	34	43	52	61	70	79	88	97
Acht	8	17	26	35	44	53	62	71	80	89	98
Neun	9	18	27	36	45	54	63	72	81	90	99

In der Vergangenheit war es (besonders bei den alten Kulturen) wichtig, den richtigen Zeitpunkt für religiöse Rituale oder andere Zeremonien herauszufinden. Vor allem im Abgleich mit astrologischen Konstellationen.

Auch heute können Sie ganz leicht berechnen, ob ein geplanter Tag tatsächlich ideal ist für eine Hochzeit oder Firmengründung oder das Unterzeichnen eines wichtigen Vertrages. Wie Sie dabei vorgehen und Ihre Namenszahl und Geburtstagszahl dafür kombinieren, zeigt Ihnen das folgende Beispiel.

Günstige Tage für Projekte finden

So prüfen Sie, ob ein Tag günstig für ein Vorhaben ist:

- Reduzieren Sie, falls nötig, die Zahl des betreffenden Tages auf eine einstellige Zahl.
- Diese Zahl addieren Sie zur einstelligen Zahl Ihres gesamten Namens.
- Danach addieren Sie Ihre einstellige Geburtstagszahl.
- Anschließend prüfen Sie die Bedeutung der zusammengesetzten Zahl.

Original-Beispiel von Cheiro:

John Smith, geboren am 8. Januar, möchte wissen, ob der 26. April ein guter Tag für sein Vorhaben ist.

Schritt 1:

Einstellige Zahl des Tages 26. April: 2 + 6 = 8

Schritt 2:

JOHN = 1 + 7 + 5 + 5 = 18 -> 1 + 8 = 9

SMITH = 3 + 4 + 1 + 4 + 5 = 17 -> 1 + 7 = 8

Zusammengesetzte Namenszahl: 9 + 8 = 17

Einstellige Namenszahl: 1 + 7 = 8

Schritt 2:

8 + 8 = 16 -> 1 + 6 = 7

Schritt 3:

7 + 8 = 15 Der geplante Tag ist günstig für Geldgeschäfte.

Zusätzliche Tipps von Cheiro

Namenszahl und Geburtstagszahl sollten übereinstimmen

Im Idealfall stimmt die Geburtstagszahl mit der Namenszahl überein. Die zweitgünstigste Option wäre es, wenn die Zahlen zumindest derselben Zahlengruppe angehören. Ist beides nicht der Fall, herrscht eine dauerhafte Disharmonie, die sich auch auf die Berechnung günstiger Tage negativ auswirkt.

Die Disharmonie kann zwar nicht durch die Veränderung des Geburtstages behoben werden, doch die Namenszahl lässt sich beeinflussen. Beispielsweise könnte der Name durch das Hinzufügen eines Buchstabens oder der Änderung des Rufnamens sich positiv auswirken.

Die Geburtstagszahl ist leicht anwendbar, auch von Personen, die sich nicht mit den okkulten Bedeutungen und Symbolen von Zahlen auskennen.

Die Geburtsmonatszahl oder die Geburtsjahreszahl sind weniger bedeutsam als die Geburtstagszahl.

Die Monatszahl zeigt Wesensstrukturen von allgemeinen Dingen, die Jahreszahl steht für Ereignisse.

Viele Zahlen sind so bedeutsam, dass sie sich im Leben häufig wiederholen.

Diese Zahlen können für Tage stehen, an denen wichtige Ereignisse stattfinden, zusätzlich die Quersumme der Hausnummer oder Telefonnummer abbilden oder sich im Personalausweis, am Hochzeitstag oder der Zimmernummer des Büros in der Firma wiederholen. Dieser Zahl ist dann eine ganz besondere Aufmerksamkeit zu schenken.

Zahlen und Krankheiten

Cheiro hat sich bei der Beschäftigung mit den Zahlen auch mit gesundheitlichen Aspekten beschäftigt und dabei die planetarische Bedeutung von Heilpflanzen eingearbeitet.

So konnte er eine Zusammenstellung der gesundheitlichen Störungen jeder Zahl (Persönlichkeit) erarbeiten und gleichzeitig notieren, welche Kräuter, Pflanzen oder Früchte diesen Personen zuträglich sind.

Dazu hat er kritische Monate für die Gesundheit der neun Zahlenpersönlichkeiten notiert. Nachstehend finden Sie Beispiele aus seiner Zusammenstellung. Diese Infos sollten Sie jedoch nicht nervös machen. Wenn Sie sich nicht wohlfühlen, befragen Sie immer Ihren Arzt und nicht die Numerologie!

Zahl	Beschwerden	Kräuter, Obst, Gemüse	Kritische Monate
1	Herz, Blutdruck, Augen	Kamille, Augentrost, Johanniskraut, Orangen, Zitronen, Datteln, Rosinen, Honig	Im Oktober, Dezember und Januar muss jede übermäßige Anstrengung vermieden werden.
2	Magen, Verdauungsorgane	Kopfsalat, Kohl, Gurke, Rüben, Leinsamen	Kritische Monate sind Januar, Februar und Juli. Hier müssen sich die Zweier besonders umsichtig verhalten.

3	Nerven, Nervenentzündungen, Ischias, Hautprobleme	Rote Beete, Heidelbeeren, Erdbeeren, Äpfel, Mandeln, Feigen, Haselnüsse	Vorsicht im Dezember, Februar, Juni und September
4	Blutarmut, Kopf- und Rückenschmerzen	Spinat, Salbei, Moosbeere. Kein rotes Fleisch und keine stark gewürzten Speisen oder Rauschgifte!	Januar, Februar, Juli, August, September
5	Nervenprobleme, Schaflosigkeit, Erschöpfung	Karotten, Haferflocken, Champignons, Walnüsse, Haselnüsse	Juni, September, Dezember
6	Hals, Nase, obere Luftwege	Bohnen, Spinat, Melonen, Äpfel, Pfirsiche, Feigen, Walnüsse, Mandeln	Mai, Oktober, November
7	Stressempfindlichkeit, Hautprobleme	Salat, Kohl, Gurke, Pilze, Äpfel	Januar, Februar, Juli, August
8	Kopfschmerzen, Rheuma	Vegetarische Ernährung ist ideal für die 8, Spinat, Sellerie, Salbei, Holunderblüte	Dezember, Januar, Februar, Juli

9	Fiebrige Erkrankungen, Masern, Scharlach	Keine schwer verdauliche Nahrung und kein Alkohol! Zwiebeln, Knoblauch, Meerrettich, Paprika, Holunder, Brennnesselsaft	April, Mai, Oktober, November

Günstige Orte und Länder berechnen

Länder, Regionen, Städte und Straßen haben eine ganz eigene Schwingung. Anhand der Namen dieser Orte lässt sich ausrechnen, ob sie für die betreffende Zahl (Persönlichkeit) gut geeignet ist oder nicht. Im Idealfall wohnt jede Zahl in einer Stadt mit derselben Namenszahl.

Dafür müssen Sie lediglich den Namen der Stadt, in der Sie wohnen oder in die Sie ziehen möchten, in Zahlen umwandeln und vom Ergebnis die Quersumme ermitteln, um eine Zahl zwischen 1 und 9 zu erhalten.

Beispiele für passende Städte – international und national

	Deutsche Städte	**Internationale Städte**
1	Bonn, Oldenburg, Weimar	Boston, New York, Alexandria
2	Aachen, Frankfurt, Karlsruhe, München	Los Angeles, Norwich, Brighton
3	Essen, Mannheim, Reutlingen	Dublin, Melbourne, Nottingham, Davenport
4	Köln, Stuttgart, Ulm, Fulda	Quebec, Montreal, Salisbury, Bangkok
5	Bremen, Hamburg, Trier	Chicago, Bern, Basel
6	Braunschweig, Wolfsburg, Überlingen	Edinburgh, Paris, San Francisco
7	Konstanz, Wuppertal, Baden-Baden	Hollywood, Auckland, Las Vegas

8	Offenbach, Augsburg, Heilbronn, Kassel	Bombay, Wien, Belfast
9	Berlin, Dortmund, Regensburg	Toronto, Blackpool

Diese Berechnungen können Sie ganz leicht auch für Länder oder Bundesstaaten vornehmen. Achtung: Benutzen Sie dazu immer den Eigennamen des Landes, also beispielsweise nicht Amerika, sondern America (8), noch genauer: North America (4) und South America (6).

DEUTSCHLAND = 4+5+6+4+3+3+5+3+1+5+4 = 43 -> 4+3=7, ein erfolgreiches Land der „Dichter und Denker“. Beachten Sie auch, welche Zahlen besonders häufig darin vorkommen: jeweils drei Mal die 3, die 4 und die 5, sodass Sie diese Zahlen zusätzlich besonders untersuchen müssen. Hinzu kommt der Buchstabe „D“, da er der erste (und letzte) Buchstabe und somit auch gleichzeitig die stärkste und schwächste Kraft ist.

Im Vergleich:

ÖSTERREICH (Ö = OE) = 7+5+3+4+5+2+2+5+1+3+5 = 42 -> 6, ein Land der Romantik, Kunst und Musik also. Beachten Sie dabei ebenfalls, dass hier vier Mal die Zahl 5 enthalten ist, was ein zusätzlicher Hinweis auf die vorherrschende Schwingung anzeigt. Zudem ist der Buchstabe O separat zu betrachten, da er das Wort einleitet.

SCHWEIZ = 3+3+5+6+5+1+7 = 30 -> 3. Ehrgeizig, diszipliniert, stolz sowie frei und unabhängig. Hier ist die 3 zwei Mal im Namen vertreten und gleichzeitig die Namenszahl. Hinzu kommt auch hier die doppelte Energie der 5. Die 5 ist ein guter Anhaltspunkt für viele Kontakte und Freundschaften. Beachten Sie außerdem das S.

Tipp:

Diese Berechnung können Sie auch mit Ihrer Adresse (Straße und Hausnummer) durchführen oder mit Ihrem Arbeitsplatz. Prüfen Sie doch einmal den Namen der Firma, in der Sie arbeiten oder die Sie vielleicht gerade gegründet haben. Wenn Sie es selbst in der Hand haben, können Sie einen geeigneten Namen berechnen und auch das Geburtsdatum, also den Gründungstag, selbst bestimmen. Wenn beides harmonisch zueinander passt, haben Sie die besten Erfolgsaussichten!

Mithilfe von Cheiros System und Deutungs- sowie Berechnungsangaben können Sie schon einiges anfangen. Die Numerologie ist jedoch ein System, das sich stetig weiterentwickelt und neue Blüten getrieben hat.

Davon werde ich Ihnen noch einige Infos im modernen Teil der Numerologie zeigen. Sie haben an diesem Punkt des Buches jedoch bereits das Werkzeug für einen schnellen Einstieg in die Numerologie in der Hand und können auch mit den bisherigen Infos loslegen, wenn Sie möchten.

Der historische Teil der Numerologie ist damit beendet. Widmen wir uns jetzt den modernen Interpretationen der alten Kunst.

Teil V

Weitere moderne Berechnungsarten und Deutungen

Die numerologischen Berechnungen wurden auch nach Cheiro immer weiter verfeinert, modifiziert und erweitert. So finden Sie heute eine Vielzahl verschiedener Berechnungsvarianten, die dabei helfen, dem innersten Kern Ihres Wesens auf die Spur zu kommen.

Bekannte „Stars der Numerologieszene“ sind beispielsweise die ehemalige Sängerin Penny McLean oder auch Glynis McCants „The Numbers Lady“. Viele weitere esoterisch begabte Personen haben sich mit der Numerologie einen Namen gemacht und ihre eigenen Systeme entwickelt. Im Rahmen des kurzen Buches können wir leider nicht auf sie alle eingehen.

Darin werden teilweise auch höhere Zahlen als die 52 gedeutet beziehungsweise diese Zahlten neu gedeutet. Es werden Doppel- und Dreierzahlen sowie Spiegelzahlen berücksichtigt und Engelzahlen und Meisterzahlen auserkoren. Grundsätzlich lassen sich jedoch auch diese immer wieder auf die Zahlen von 1 bis 9 reduzieren und haben daher immer dieselbe Quintessenz.

Diese modernen Berechnungen und Deutungsmöglichkeiten waren in den alten Kulturen in dieser Form nicht bekannt und auch nicht notwendig, denn ein alter Ägypter hätte sich nicht überlegt, wie er die Zahlenfolge 22:22 Uhr auf der Digitaluhr deuten sollte. Stattdessen waren astronomische und astrologische Berechnungen und die Assoziation mit Planeten, Farben, Tönen, Steinen etc. für den Alltag viel bedeutsamer – von der Wichtigkeit der Harmonie in der Baukunst ganz zu schweigen.

Mit dem bisher gezeigten Material können Sie eine spontane grobe Einordnung anhand des Geburtstags und des Namens vornehmen und günstige Tage festlegen. Auch die Überprüfung des richtigen Umfelds (Land, Stadt, Straße) funktioniert mit Cheiros Daten. Wir werden uns aber jetzt noch weitere Berechnungsmöglichkeiten anschauen. Hier müssen Sie bei einigen Dingen mehr rechnen, aber vielleicht macht es Ihnen ja Spaß?

Abb. 10: Berechnungen[7]

Während in der Antike der Name zur Charakterkunde diente und die Geburtstagszahl zur Berechnung günstiger Zeitpunkte verwendet wurde, gibt es heute noch mehr Möglichkeiten zur Nutzung der Zahlen und Buchstaben. Wir können sie zur Innenschau anwenden, um an uns selbst zu arbeiten oder auch unser Karma daraus ablesen.

---

[7] © geralt, Pixabay https://pixabay.com/de/illustrations/mathematik-formel-physik-schule-1509559/

Berechnungsmöglichkeiten

1. Berechnung aus Buchstaben

Durch die Namenszahl lässt sich der Charakter von Personen oder die Seele von verschiedenen Dingen berechnen.

- Gesamter Name: Namenszahl (irdisches Karma)
- Nur Vokale des Namens: Herzzahl (Ideale, Wesenskern)
- Nur Konsonanten des Namens: Persönlichkeitszahl (Verhältnis zur Außenwelt)

2. Berechnung aus dem Geburtsdatum

Mithilfe des Geburtsdatums lässt sich Folgendes ermitteln:

- Gesamter Geburtstag: Kosmisches Karma
- Der Geburtstag, Monat und das Jahr zeigen jeweils unterschiedliche Wesenszüge an.
- generelle Einstellung der Person
- Lebensweg
- Schicksalsjahre

Darüber hinaus bieten weitere Systeme noch andere Berechnungen zusätzlich an. Die oben erwähnten sind jedoch die gängigsten, die wir uns jetzt anschauen wollen.

Die Kraft der einzelnen Buchstaben

Jeder Buchstabe besitzt eine eigene Schwingung, die auf jeden Fall genauer analysiert werden muss – nicht nur im Zusammenspiel, sondern auch einzeln. Wie gehäuft tritt ein Buchstabe auf? Steht er vorne oder weiter hinten (Gewichtung)?

Buchstabe	Positive Eigenschaften	Negative Eigenschaften
A	Ehrgeizig, intelligent, schöpferisch, treu, zuverlässig	Übermütig, risikofreudig, explosiv
B	Lernbegierig, diplomatisch, hilfsbereit	Körperlich schwach, ängstlich, intolerant
C	Vielseitig, gut gelaunt, ausdauern, intuitiv	Unentschlossen, schlecht organisiert, unsicher
D	Energisch, willensstark, praktisch veranlagt	Sinnlich, nervös, inkonsequent
E	Scharfsinnig, mutig, begeisterungsfähig, reiselustig	Unzuverlässig, abenteuerlustig, indiskret
F	Spirituell, originell, schöpferisch	Unsicher, zerstreut, melancholisch, mitleidsbedürftig
G	Talentiert, harmonisch, reaktionsschnell	Unvorsichtig, neigt zu schnellen Fehlentscheidungen, lässt sich ausnutzen

H	Ausgeglichen, logisch, ehrgeizig, streng, konsequent	Zu streng und unerbittlich, emotional unbeherrscht, handelt überstürzt
I	Kontaktfreudig, gefühlvoll, reiselustig, studiert und recherchiert gern	Indiskret, zu spontan, zu affektiv
J	Verantwortungsbewusst, tatkräftig, energiegeladen, spontan	Nicht anpassungsfähig, dickköpfig
K	Intuitiv, moralisch stark, aktiv, arbeitswillig und kreativ, opferbereit	Langweilig, aufdringlich, nervös, depressiv
L	Intellektuell, lebensfroh, erfolgreich, Gewinner	Zerfahren, untreu, besitzt keine Ausdauer
M	Romantisch, Schnelldenker, Rednertalent	Eigenwillig, verklemmt, einsam, schlechte Gesundheit
N	Phantasiereich, erfinderisch, wissenschaftlich interessiert	Wechselhaft, wenig echte Freunde, körperliche Leiden
O	Sinnlich, leidenschaftlich, weise	Egoistisch, nervös, unausgeglichen, verführerisch
P	Ehrgeizig, erfolgreich, enthusiastisch	Frech, stolz, eingebildet, habgierig, überheblich

Q	Zärtlich, charmant, künstlerisch begabt	Zu leidenschaftlich, nicht logisch, falsche Freunde
R	Fröhlich, romantisch, viele Reisen	Affektiv, träumerisch, launisch, jagt Trugbildern nach, Unfälle
S	Künstlerisch begabt, geistig orientiert, starke Gefühle	Zu kritisch, viele Krisen im Leben, Pech in der Liebe, zu starke Selbstkritik
T	Intelligent, freundlich, gutmütig, erfinderisch	Abenteuerlustig, zynisch, manchmal zu gutmütig
U	Perfektionistisch, intuitiv, gute Gesundheit	Neigt zu übertriebenem Glanz, hat Neider und Schmarotzer
V	Mystisch, intuitiv, starke moralische Grundsätze	Egoistisch, kaltherzig, machtgierig
W	Mutig, logisch, tatkräftig, selbstkritisch, gute Gesundheit	Eigenwillig, unsicher, explosiv, zu vertrauensselig, radikale Ansichtswechsel
X	Verantwortungsbewusst, wohlhabend, gute Kontakte zu allen Menschen	Viele Gegner, gesundheitliche Probleme, schwerfällig bei Entscheidungen

Y	Talentiert, erfolgreich, künstlerisch begabt, gute Gesundheit	Undiszipliniert, langsame Reaktion, neigt zu Rauschmitteln
Z	Geistig orientiert, ordnungsliebend, sensibel	Kämpferisch, egozentrisch, krankhaft empfindlich

Unser kompletter Name enthält unser irdisches Karma. Wer mehrere Vornamen hat, ist daher meist sehr vielseitig, aber hat keine eindeutigen Schwerpunkte. Wer nach der Eheschließung den Namen des Partners annimmt, sollte die dadurch gewonnene neue Schwingung berechnen und prüfen.

Es ist nämlich wichtig, dass die Namenszahl des gesamten Namens mit dem Geburtsdatum übereinstimmt. Dann sind das irdische und kosmische Karma im Einklang.

1. Der Name – das irdische Karma

Hierzu haben wir bereits die Tabelle von Cheiro gesehen, die jedoch in einzelnen Punkten von modernen Numerologen wie Golmyn erweitert wurde.

1

1 – Selbstbewusst und schöpferisch, aber auch starrsinnig und dickköpfig.

10 – Steht für viel Wechsel und Neubeginn

19 – Die Zahl der Schöpfung ist hier kombiniert mit der göttlichen Zahl 9. Das bringt im Leben viele Chancen.

28 – Die 2 neben der 8 ist ungünstig. Dieser Mensch hat viele Chancen, ist aber auch zu übermütig und risikofreudig und außerdem viele Neider. Das kann den Erfolg nicht nur zunichtemachen, sondern es kann auch zu Verlusten führen.

37 – Dies ist eine Erfolgszahl, die Glück in der Liebe und einen guten Umgang mit Geld mit sich bringt.

2

2 – Die 2 ist liebenswürdig, warmherzig, harmonisch und sensibel, aber auch ängstlich, nativ oder depressiv.

11 – Die Zahl der Propheten und Märtyrer steht für Opferbereitschaft und Intuition. Die Person ist oft jedoch fanatisch und leichtsinnig und handelt sich dadurch einigen Ärger ein.

20 – Diese Zahl steht für eine besonders starke Sensibilität und die betreffenden Personen verlieren häufig die Bodenhaftung.

29 – Personen mit dieser Zahl sind hilfsbereit und relativ anspruchslos, aber sie haben keine gute Menschenkenntnis und daher häufig Pech mit der Wahl von Partnern und Freunden.

38 – Die 38 ist sensibel und fleißig, doch hat keine gute Wahrnehmung und schätzt die Realität häufig falsch ein. Daher muss sie auch bei der Wahl ihrer Partner sehr vorsichtig sein. Dabei ist es problematisch, dass sie zu starker Nervosität und Wutausbrüchen neigt.

47 – Beruflich ist diese Zahl günstig für Fleiß und Anerkennung, aber Personen mit dieser Zahl ziehen ungeeignete Partner geradezu magisch an.

3 – Die künstlerische 3 ist vielseitig begabt und voller Energie, sehr gesellig und liebenswürdig, doch häufig überheblich und egoistisch sowie gefallsüchtig.

12 – Die Zahl der Hilfs- und Opferbereitschaft bringt diesen Menschen nicht unbedingt Glück, denn sie werden mit Intrigen konfrontiert und ziehen negative Personen an.

21 – Eine mystische Zahl, da sie sich aus 3 x 7 zusammensetzt. Diese Personen können magische Kräfte entwickeln. Sie finden im Beruf und Privat viel Unterstützung und sind in der Regel erfolgreich, trotz ihres Mangels an Erfahrung.

30 – Die Zahl bringt einen besonders regen Geist mit sich, der wissenschaftlich und philosophisch sowie künstlerisch interessiert ist. Doch die 3 zieht sich gleichzeitig gerne zurück und muss sich vor zu großer Isolation in Acht nehmen.

39 – Diese Personen haben einen gute Menschenkenntnis und große intellektuelle Fähigkeiten. Diese sollten sie nutzen, um ihre Ziele zu verfolgen und wertvolle berufliche Kontakte zu knüpfen.

48 – Die Kombination beinhaltet eine Warnung vor Selbstisolation, Grübelei und Wankelmut. Gute Chancen und positive Eigenschaften werden dadurch schnell überschattet und die 48 verpasst dabei die besten Gelegenheiten.

4

4 – Die 4 hat gute Eigenschaften, ist fleißig und mutig und vertrauenswürdig, doch sie ist auch zu taktlos und abweisend und neigt zu Wutausbrüchen. In Kombination mit anderen ungünstigen Zahlenaspekten bringt die Zahl jedoch Unglück.

13 – Personen mit dieser Namenszahl müssen ständig mit einem plötzlichen und nicht vorhersehbaren Wechsel in allen Angelegenheiten rechnen. Wenn die 13 nicht lernt, ausgeglichen zu sein, wird sie mit Wut, Zorn, riskanten Unternehmungen und vielen Schwierigkeiten konfrontiert.

22 – Die Meisterzahl, bestehend aus 2 x 11. Die 2 steht für geistige Höhen und ist in der 22 doppelt so stark. Das kann allerdings auch zu Träumereien führen. Das ist nicht nur schlecht für die Einschätzung der Wirklichkeit, sondern kann auch zu Selbsttäuschung und der Flucht in Alkohol und Rauschmittel führen!

31 – Diese Zahl ist besonders spirituell. Energie und schöpferische Kraft der 1 treffen auf künstlerische Begabung. Der Erfolg, der darin schlummert, kann jedoch durch ein übertriebenes Rückzugsbedürfnis torpediert werden. Für die 31 sind daher viele positive Kontakte sehr wichtig.

40 – Wieder eine mystische Zahl, die meist für den Verzicht weltlicher Dinge, dafür aber neue geistige Wege steht. Diese Personen sind esoterisch interessiert, sollten aber ihre sozialen Kontakte dabei nicht vernachlässigen.

49 – Penible Genauigkeit gepaart mit einer übermäßigen Nervosität führen hier meist zu einer Abkapselung von anderen, großen Unzufriedenheit und viel Ärger.

5

5 – Dynamisch, entschlossen, reaktionsschnell, kreativ, sinnlich und anziehend kann die 5 sein, wenn sie nicht gerade launisch, unruhig, cholerisch oder reizbar ist. Obwohl geschäftstüchtig, kann die 5 sich auch zu riskanten Spekulationen hinreißen lassen.

14 – Bringt Glück auf materieller Ebene, bringt aber auch viel Abwechslung und Veränderung und warnt außerdem vor Naturgewalten und anderen Katastrophen.

23 – Eine mystische Zahl für eine sehr begabte Person, die gleichzeitig sehr spirituell ist. Sie hat viele Unterstützer und gute Kontakte, die sie zum Erfolg führen.

32 – Die 32 ist die Zahl des Helden und bringt viele Chancen für die betreffende Person. Der Freundeskreis ist groß, doch ebenso groß ist die Gefahr, von diesen vielen Bekannten beeinflusst zu werden.

41 – Diese Zahl verheißt diverse Erfolgsmöglichkeiten und günstige Gelegenheiten. Häufig verbirgt sich hinter der Zahl eine große Erbschaft.

50 – Die Zahl der Menschlichkeit und der 5 Elemente (Feuer, Wasser, Erde, Luft, Quintessenz). Die harmonische 50 besitzt eine große Glaubenskraft, mit der sie auch Berge versetzen kann.

6 – Die liebevolle, schöne und harmonische 6 ist freundlich und charmant, kann jedoch auch intrigant und klatschsüchtig sein. Sie neigt außerdem zu Bequemlichkeit, konservativem Verhalten und Geiz.

15 – Diese Menschen sind sensibel, vital und vertrauenswürdig und lassen sich schnell begeistern. Häufig besitzen sie eine große magnetische Anziehungskraft. Doch sie ist auch vielen Versuchungen ausgesetzt und muss darauf achten, nicht zu ausschweifend zu leben. In Verbindung mit der 8 oder 4 zeigt die 15 außerdem eine Neigung zur Schwarzen Magie.

24 – Diese Zahl bringt Glück in der Liebe, Vermögen und gute Beziehungen zu Personen in hohen Positionen.

33 – Die Anziehungskraft, die die 33 von der Quersumme 6 bekommt, ist hier genauso vorhanden wie die schwierigen Situationen, die sie im Leben meistern muss. Dazu kommt die Verbindung zur 11 (3 x 11 = 33), die eine große Intuition und Opferbereitschaft mit sich bringt.

42 – Die 42 ist sensibel und künstlerisch talentiert, dazu besonders fleißig. Dank der Unterstützung guter Freunde kann es die 42 weit bringen.

51 – Diese Zahl bringt Führungsqualitäten mit sich, gepaart mit Fleiß und Intelligenz. Hat diese Person es mit Feinden zu tun, dann kann sie rücksichtslos gegen sie vorgehen. Diese Zahl sollte unbedingt alle riskanten Pläne meiden.

7 – Die mystische Zahl 7 zeigt als Namenszahl eine analytische und intelligente Person, die einen Hang zur Mystik besitzt und künstlerisch begabt ist. Doch kann sie auch verschlossen und pessimistisch sein und sich ablehnend oder unbeständig verhalten. In ihrer Unzufriedenheit mit sich selbst und anderen zieht sie sich zurück und kann auch verrückte Dinge anstellen.

16 – Diese Zahl ist ungünstig, da sie Schwierigkeiten und eine hohe Unfallgefahr bedeutet. Die Person neigt zu Wutausbrüchen und riskanten Unternehmungen und ist ausgesprochen nervös. Eine Gefühlskontrolle durch stresslindernde Maßnahmen ist hier ideal.

25 – Auf die 25 warten viele Erlebnisse, die die Nerven strapazieren können. Dazu kommt, dass die 25 spontan und explosiv ist, was zu Fehlentscheidungen führt und so den ersehnten großen Erfolg leider verhindern.

34 – Dahinter steckt ein intelligenter und vielseitig begabter Mensch, der aber auch impulsiv und egoistisch ist. Er hat im Leben mit vielen Veränderungen zu rechnen. Erfolg stellt sich hier nur ein, wenn er seine Impulsivität zügelt.

43 – Diese Zahl verspricht Erfolg, doch auch diese Kombination bringt (wie die 34) temperamentvolle Gefühlsausbrüche mit sich, die dem Träger dieser Zahl viele Feinde einbringt. Auch hier ist eine Zügelung der Leidenschaften dringend anzuraten.

52 – Ein wechselhaftes Leben mit vielen Schwierigkeiten wartet auf die 52. Kämpfe mit Neidern und Feinden, häufige Jobwechsel und Umzüge und die Warnung vor Unfällen gehen mit dieser Zahl einher.

8

8 – Die Zahl steht für Erfolg und Macht und hohe Ideale. Sie bringt Energie, Aktivität und Selbstdisziplin mit sich. Leider kann sie auch sehr kalt und distanziert auftreten und dabei grob, tyrannisch und rachsüchtig sein.

17 – Auch wenn der Namensträger der 17 sehr hilfsbereit ist, bringt diese Zahl ihm Schwierigkeiten und Enttäuschungen, die zum Teil darauf zurückzuführen sind, dass er zu nachgiebig ist.

26 – Die 26 ist ebenfalls eine ungünstige Zahl, die vor allem vor Spekulationen warnt. Pessimismus und Melancholie erschweren die Erfolgsaussichten. Der Erfolg stellt sich nur bei gründlicher Planung und harter Arbeit ein.

35 – Diese ungünstige Zahl fühlt sich immer zu völlig unpassenden Partnern hingezogen, was nie gut endet. Dennoch ist die 35 gutmütig und pflichtbewusst – was Freunde und Kollegen gerne ausnutzen. Die 35 hat oft mit finanziellen Verlusten zu kämpfen.

44 – Die doppelte 4 ist ebenfalls ungünstig. Generell ist bei den Zahlen 4 und 8 immer eine Warnung inbegriffen. Die 44 ist sehr ehrgeizig und vor allem materiell orientiert. Enttäuschungen in Liebesdingen sind dabei praktisch vorprogrammiert. Zudem muss die 44 sich vor falschen Freunden und schlechten Ratgebern in Acht nehmen. Wichtig ist es, Abstand von Spekulationen zu halten. Leider ist auch das Ende von geschäftlichen Teilhaberschaften selten erfreulich.

9

9 – Die edle und göttliche 9 ist mutig, gerecht und freundlich, aber auch hellsichtig und daher an okkulten Themen interessiert. Obwohl sie meist sozial und großzügig ist, kann sie auch verschwenderisch, egozentrisch und launisch sein.

18 – Die 18 ist kämpferisch veranlagt, materiell orientiert und machthungrig. Kämpfe mit Feinden, Kollegen oder in der Familie sind vorprogrammiert. Zudem ist die 18 unzuverlässig und untreu.

27 – Diese Zahl ist wiederum sehr günstig und harmonisch und zeigt Führungspotenzial an. Die Führungsrolle ist jedoch bei der 27 nur in guten Händen, wenn sie sich geduldig verhält. Aufgrund der enthaltenen 2 ist dringend vor übermäßigem Alkoholgenuss zu warnen.

36 – Diese Zahl ist künstlerisch begabt und sehr erfolgreich beim Ausüben geistiger Tätigkeiten. Es mangelt ihr allerdings an Selbstvertrauen. Diese Zahl ist häufig zu finden bei Rechtsanwälten, Schauspielern oder Schriftstellern.

45 – Die 45 ist eine schöpferische Zahl, die ihrem Träger zu hohen Positionen verhilft, sofern er sich nicht von anderen Menschen beeinflussen lässt. Die Zahl ist leicht reizbar und neigt zu Wutausbrüchen – was in hohen Positionen nicht hilfreich ist. Daher ist dieser Zahl geraten, sich um mehr Geduld und Selbstbeherrschung zu bemühen.

Namenszahl, Herzzahl, Persönlichkeitszahl

Die Namenszahl zeigt bereits die wichtigsten Charakterzüge oder Eigenschaften von Personen, doch nicht jeder offenbart sein Innerstes der Umwelt. Daher hilft die Herzzahl dabei, den Wesenskern zu finden, während die Persönlichkeitszahl das Verhalten nach außen darstellt. Dadurch zeigt sich manchmal: Harte Schale, weicher Kern.

Hinweis: Namenszahlen über 52 werden durch die Berechnung der Quersumme gekürzt. Namen mit doppelten Buchstaben (und somit doppelten Zahlen) beinhalten wichtige Hinweise auf die Stärke der Eigenschaften.

Die Umwandlung Ihres Namens in eine Zahl bietet verschiedene Berechnungsmöglichkeiten und unterschiedliche Informationen:

- Berechnung der **Gesamtnamenszahl** (irdisches Karma) aus allen Buchstaben des kompletten Namens.
- Berechnung der **Herzzahl** aus der Summe aller Vokale (Selbstlaute). Dies zeigt die innere Beschaffenheit einer Person oder eines Gegenstandes oder auch das zentrale Wesen einer Stadt.
- Die Berechnung der **Persönlichkeitszahl** aus der Summe aller Konsonanten (Mitlaute) zeigt das Verhalten der Person zum Umfeld, also wie er nach außen hin erscheint.

Bei der Berechnung betrachten Sie jeweils Vor- und Nachname getrennt und rechnen zunächst nur die Vokale oder nur die Konsonanten zu einer Zahl zusammen. Anschließend addieren Sie das Ergebnis aus Vor- und Nachname und bilden die Quersumme daraus.

Beispiel:

M	A	X		M	U	S	T	E	R	M	A	N	N
4	1	5		4	6	3	4	5	2	4	1	5	5

Namenszahl (irdisches Karma)

Max (10) + Mustermann (39) = **49** -> 4+9=13 -> 1+3 = **4**

Herzzahl (Ideale, Wesenskern)

In Max nur das A = 1

In Mustermann U, E, A = 12

Zusammen: 1 + 12 = 13 -> 1 + 3 = **4**

Persönlichkeitszahl (Verhältnis zur Außenwelt):

Max: 9

Mustermann: 27

Zusammen: 36 -> 3 + 6 = **9**

Anhaltspunkte für den gesamten Namen ergibt also die 49, die Essenz des Namens ist jedoch die 4. Diese passt zur Herzzahl, die ebenfalls eine 4 ist. Das irdische Karma und der Wesenskern von Max Mustermann schwingen also genau gleich. Nach außen ist Max Mustermann eine 36 beziehungsweise in der Essenz eine 9. Im Namen fällt außerdem auf, dass die Zahlen 4 und 5 jeweils 4 x enthalten sind, was ein wichtiger Zusatzhinweis ist, der die betreffenden Eigenschaften in Max verstärkt!

Das Geburtstagsdatum – das kosmische Karma

Im Idealfall passt das unveränderbare kosmische Karma, also der Tag der Geburt, zum später gewählten Namen. Auch beim Geburtsdatum sind einige Punkte zu beachten:

- Die **Geburtstagszahl**, die sich nur auf den Tag (Wochentag) der Geburt bezieht, zeigt die geistige Ebene der Person mit allen Entsprechungen wie beispielsweise den Planeten, Farben oder Edelsteinen – dies haben wir vorhin bereits im Teil von Cheiro gesehen.
- Die **Monatszahl** des Geburtsmonats gibt wichtige Hinweise auf die allgemeinen Tendenzen im Leben dieser Person.
- Die **Jahreszahl** gibt Informationen über die Zukunft der Person preis.
- Die **Quersumme des Geburtsdatums** zeigt die Bestimmung dieser Person und ihre Lebensaufgabe (**Lebenswegzahl**).

Nachfolgend finden Sie eine Tabelle zur schnellen Übersicht der Geburtstagsdaten und der ihnen zugeordneten Einteilung in handwerkliche, geistig oder hochgeistig interessierte Personen.

Für die Zuordnung der Monate zu den Monatszahlen ist keine Tabelle notwendig. Januar ist 1, Februar 2 ... Dezember 12. Dabei ist zu beachten, dass die Zahl des Geburtsmonats mit der Zahl des Geburtstages harmonisieren sollte.

Am wenigsten aussagekräftig ist das Geburtsjahr, da während eines Jahres so viele Menschen zur Welt kommen, dass sie nicht alle dieselben Charakterzüge besitzen können. Es hilft uns aber dabei, unsere Schicksalsjahre zu berechnen, wie wir gleich sehen werden.

Übersicht der Geburtstagszahlen

Person	**Geburtstagsdaten**				
*	HW	I/HW	G	HG	
1	1	10	19	28	Die Kreativen
2	2	11	20	29	Die Harmonischen
3	3	12	21	30	Die Kommunikativen
4	4	13	22	31	Die Pragmatischen
5	5	14	23		Die Planer
6	6	15	24		Die Fürsorglichen
7	7	16	25		Die Träumer
8	8	17	26		Die Vermittler
9	9	18	27		Die Krisenhelfer

(*)
HW – handwerklich begabte Personen
I /HW – intellektuelle Personen mit handwerklichem Geschick
G – geistig orientierte Personen
HG – hochgeistige, sensible Personen

Die Zahlen in der Partnerschaft – wer verträgt sich mit wem?

Abb. 11[8]

Wer sich mit wem verträgt, bezieht sich nicht nur auf die Liebe, sondern auch auf familiäre, freundschaftliche oder kollegiale Beziehungen!

---

[8] © Bessi, Pixabay, https://pixabay.com/de/photos/geschwister-bruder-schwester-kinder-817369/

Zahlenharmonie:

Diese Verträglichkeiten werden manchmal von Numerologen unterschiedlich bewertet, daher kann ich nur als Beispiel die Übersicht von Autorin Golmyn anführen.

Sollten Sie eine andere Zusammenstellung finden, die Ihnen logischer erscheint, dann verwenden Sie bitte diese. Wichtig ist nur, dass Sie bei der Beschäftigung mit den Zahlen nicht immer zwischen den einzelnen Systemen hin und her springen. Sie würden stets andere Ergebnisse erhalten, was ziemlich verwirrend sein kann.

Geburtstagszahl		sehr gut	gut	mäßig	schlecht
1	mit	2	3 4	1 5 6 7	8 9
2	mit	1 7	3 5	2 4 6	8 9
3	mit	6 9	1 2 5	3 7 8	4
4	mit	2	1 7	4 5	3 6 8 9
5	mit	6	1 2 3	4 5 7	8 9
6	mit	5 3 9	1	2 6 8	4 7
7	mit	2	1 4	3 7	5 6 8 9
8	mit		3 5 6 9	8	1 2 4 7
9	mit	3 6		2 9	1 4 5 7 8

Geraten Sie aber bitte nicht in Panik, wenn Sie einen Partner haben, dessen Zahl eigentlich nicht gut zu der Ihren passt. Jede Zahl hat ihre guten und schlechten Eigenschaften und Personen, die ihre Schattenseiten unter Kontrolle haben, sind ausgewogener und zugänglicher und können daher auch einen guten Partner abgeben – egal, was diese Tabelle Ihnen sagt.

Lebensweg- und Schicksalszahlen

Abb. 12[9]

Lebensweg und Schicksalsjahre

Wie gehen Sie durch Ihr Leben? Erwartet Sie ein harter Kampf oder sind Sie ein Glückskind, das sich relativ leicht tut, mit allem, was es anfasst? Das hängt auch ganz von Ihrer Einstellung zum Leben ab.

Lebensweg-Zahl (LZ)

Zur Information über Ihren Lebensweg rechnen Sie alle Zahlen Ihres Geburtsdatums zusammen und reduzieren diese dann durch die Berechnung der Quersumme auf eine einstellige Zahl.

---

[9] © geralt, Pixabay, https://pixabay.com/de/photos/jenseits-tod-glaube-gleise-2753576/

LZ	Kurzbedeutung nach Glynis McCant
1	Die 1 ist frei, unabhängig, arbeitet hart und will immer die Nummer 1 sein.
2	Die 2 ist loyal und gesellig und tut alles, um Konflikte zu vermeiden.
3	Die 3 ist kommunikativ und witzig, übertreibt häufig und ist sehr kreativ.
4	Die 4 braucht Sicherheit, ist sehr intellektuell und organisiert, das Heim ist ihr wichtig.
5	Die 5 liebt ihre Freiheit, Spaß und Abenteuer, feiert gern und wird nur schwer sesshaft.
6	Die 6 ist der Retter in der Not oder die Übermutter und besitzt eine magnetische Anziehungskraft.
7	Die 7 ist ein Einzelgänger, der seine Privatsphäre braucht, er liebt die Schönheit und die Natur, flüchtet sich jedoch gern in Alkohol und Drogen.
8	Die 8 braucht materielle und finanzielle Sicherheit, ist ehrlich und offen aber häufig unsensibel und will immer ihren Kopf durchsetzen.
9	Die 9 ist der typische Anführer, auch dann, wenn es ihr eigentlich nicht zusteht. Sie kümmert sich um andere, fühlt sich aber häufig ungeliebt.

Lebensweg – Meisterzahlen 11, 22, 33

Wer am 11. oder 22. geboren ist oder die 33 als Lebenswegzahl hat, wird sein Leben lang besonders hohe Ansprüche an sich und andere haben, ohne wirklich zu bemerken, was er eigentlich schon erreicht hat.

Die Schwingung dieser Meisterzahlen ist extrem hoch, aber positiv. Wer diese Meisterzahlen hat, sollte sich auch mit den dahinterliegenden Schwingungen der 2 (11), 4 (22) und 6 (33) beschäftigen und das Beste aus seinem Potenzial machen.

Mit welcher Einstellung gehen die Personen durchs Leben?

Die richtige Einstellung kann dabei helfen, das vorhandene Potenzial zu fördern – oder zu torpedieren. Daher betrachtet beispielsweise die „Numbers Lady" Glynis McCant zusätzlich die Einstellung, mit der jemand durchs Leben geht.

Die 1 bittet nicht gerne andere um Hilfe und hat häufig ein Problem mit ihrem Selbstwertgefühl.

Die 2 ist von esoterischen Themen fasziniert und sehr intuitiv. Sie geht mit Mitgefühl und Sensibilität durchs Leben.

Die 3 ist charismatisch und humorvoll und will im Prinzip nicht erwachsen werden.

Die 4 ist eher still und behält gerne alles im Blick. Sie ist fleißig und zeigt auch anderen gerne, wie etwas gemacht wird.

Die 5 will gerne etwas erleben, wenn sie nicht reisen kann, taucht sie in die Welt der Bücher ein – zum Träumen und Lernen.

Die 6 bringt gerne Ordnung ins Chaos und kümmert sich um andere. Sie wirkt auf ihre Mitmenschen sehr anziehend.

Die 7 hält sich bedeckt und teilt sich anderen nicht gerne mit. Sie kapselt sich häufig ab und ist lieber Beobachter als ein Teil des Geschehens.

Die 8 beschäftigt sich damit, an Geld zu kommen und achtet neben der finanziellen Sicherheit auch auf ihr Äußeres, ist zu anderen aber häufig barsch und zu direkt.

Die 9 packt bei der Arbeit fleißig an und erledigt zur Not noch den Job der anderen mit. Sie ist daher häufig erschöpft und wird von anderen oft ausgenutzt.

Viele interessante Tipps dazu gibt Glynis übrigens auch auf ihrer Webseite: http://www.glynishasyournumber.com/numbers.html

Schicksalszahl (SZ)

Eine andere Möglichkeit, den Lebensweg zu betrachten, finden wir im System von Golmyn, die Lebensweg- und Schicksalszahl gleichsetzt – allerdings noch die Berechnung der Schicksalsjahre anschließt.

Schauen wir uns zunächst die Übersicht der Schicksalszahlen (SZ) an, bevor wir die Schicksalsjahre berechnen.

SZ	Stichwort	Eigenschaften
1	Individualist voller Ehrgeiz, Führer, Pionier	Selbstbewusst, unabhängig, aber auch egoistisch und gefühlskalt.
2	Diplomat mit Einführungsvermögen, guter Partner	Intuitiv, rücksichtsvoll und gesellig aber auch ängstlich.
3	Lebenskünstler oder Hans im Glück	Ein guter Redner, der am liebsten ein gutes Leben durch wenig Aufwand erreichen will.

4	Penibler Organisator, Planer, harter Arbeiter	Die 4 plant und spart und durchdenkt alles ganz genau, er ist vorsichtig und fleißig, sein Lebensweg ist jedoch hart.
5	Abenteurer, Freigeist	Die tolerante 5 liebt die Freiheit und Unabhängigkeit und stets offen für alles Neue. Aber er ist auch rastlos und ruhelos. Die 5 sollte gut auf ihre Gesundheit achten.
6	Hilfsbereiter, liebender Mensch, beinahe ein Märtyrer	Kann trotz Harmonie intolerant sein und eine schlechte Menschenkenntnis besitzen, führt sich häufig auf wie ein Diktator. Die 6 hat ein Händchen für Geldangelegenheiten.
7	Mystiker oder Träumer	Interesse an Esoterik, sehr sozial, großer Gerechtigkeitssinn, spirituell begabt, aber auch manchmal stur und faul. Sein Leben wird interessant, erlebnisreich und ungewöhnlich.
8	Praktiker und Materialist	Diese Menschen machen sich besonders häufig selbstständig und können durch Fleiß und viel Lebenserfahrung anderen ein Vorbild sein und sich ein gutes Einkommen sichern.

9	Der gefühlvolle Künstler und Träumer	Dies ist der Weg der Dichter und Musiker, die häufig egozentrische Pläne und selbstsüchtige Gedanken hegen. Die 9 reist viel im Leben und lernt sehr viele Menschen kennen. (siehe unser Rechenbeispiel Elvis Presley)
11	Idealist, Prophet, Märtyrer	Die 11 ist intuitiv und hat die Gabe, ein geistiger Führer zu sein, der andere dazu animiert, an hohen Idealen zu arbeiten.
22	Meister und Könner auf einem praktischen Gebiet	Die 22 bringt innovative fortschrittliche Ideen hervor und setzt diese auch um. Es fällt ihm leicht, andere zur Hilfe zu animieren. Seine starke Suggestivkraft sollte er auf seinem Weg jedoch immer nur für das Gute einsetzen, sonst könnte er einen enormen Schaden anrichten.

Schicksalsjahre

Bei der Geburtstagszahl kommen Sie auch ohne Berechnungen gut zurecht, bei der Ermittlung der Schicksalsjahre sollten Sie allerdings Papier und Bleistift oder Taschenrechner bereithalten!

Bei der Berechnung benutzen Sie das **gesamte Geburtsdatum** einer Person, aber die **Jahreszahl** wird nach der Addition **nicht** auf eine **einstellige Grundzahl** reduziert!

Zur Ermittlung der Schicksalsjahre wird zunächst die Quersumme des gesamten Geburtsdatums berechnet. Zur Quersumme dieses Ergebnisses werden dann die Geburtstagszahl und die Monatszahl addiert, um das Ereignis im Schicksalsjahr näher zu definieren.

Diese Berechnung schauen wir uns gleich am Beispiel eines berühmten Prominenten an.

Beispiel: Elvis Presley, geboren am 8. Januar 1935

1. Schicksalszahl

Zur Berechnung zählen wir das komplette Geburtsdatum zusammen: **8 + 1 + 18 =27 -> 2 + 7 = 9**

Seine Schicksalszahl ist also die 9, der gefühlvolle Künstler und Träumer.

2. Schicksalsjahre:

Zur Berechnung seiner Schicksalsjahre benötigen wir die 18 (1+9+3+5) aus seinem Geburtsjahr, die nicht weiter reduziert werden darf.

Jahr der Geburt 1935 + 18 = **1953.**

Sein erstes Schicksalsjahr ist also das Jahr 1953.

3. Was geschieht in diesem Jahr? Dazu benötigen wir Tag und Monat. Die Quersumme des Schicksalsjahres 1953 ist ebenfalls 18. Dazu zählen wir Tag und Monat der Geburt:

18 + 8 + 1 = 27 -> 2 + 7 = **9** In diesem Jahr kommt er seinem künstlerischen Schicksal also näher.

Was geschah 1953? In diesem Jahr hat Elvis mit seinem ersten selbstverdienten Geld bei Sun Records seine erste Platte für seine

Mutter aufgenommen und damit seine Karriere gestartet. Kurz zuvor hat er im selben Jahr einen Gesangswettbewerb in der Schule gewonnen.

4. Nächstes Schicksalsjahr:

Sehen wir weiter. Ausgangspunkt ist jetzt das Jahr 1953, von dem aus wir die nächsten Schicksalsjahre ermitteln wollen.

1953 hat, wie erwähnt, die Quersumme 18. Also müssen wir die Zahl 18 hinzu addieren und landen im Jahr 1971, seinem nächsten Schicksalsjahr. Die Quersumme des Jahres 1971 ist übrigens erneut die 18!

Was geschieht in diesem Jahr? Wenn wir 1971 Tag und Monat der Geburt einrechnen, kommen wir erneut auf die 9 – einem weiteren künstlerischen Schicksalsjahr!

1971 war Elvis schon lange ein Star, trat aber jetzt nicht nur in Las Vegas, sondern auch noch in Lake Tahoe auf. Zudem nahm er im Studio in Nashville eine Gospelplatte auf. Insgesamt erschienen 1971 gleich 3 neue LPs von ihm.

In diesem Jahr trug er erstmals seinen berühmten maßgeschneiderten weißen Einteiler mit einem Cape, sein Wohnsitz in Graceland wurde in diesem Jahr mit einem neuen Straßennamen bedacht: *3764 Elvis Presley Boulevard* und er erhielt eine Auszeichnung der *National Academy of Recording Arts and Sciences*.

5. Nächstes Schicksalsjahr

Sein nächstes Schicksalsjahr wäre, erneut 18 Jahre später, 1989 gewesen. Dieses Jahr hat er jedoch nicht mehr erlebt.

Gestorben ist Elvis 1977.

Hätte Elvis sich gefragt, wie das Jahr 1977 für ihn wird, so hätte er seine Geburtstagszahl und Monatszahl zu diesem Jahr addiert:

8 + 1 + 1 + 9 + 7 + 7 = 33 -> **6**

Hier hat ihn die negative Seite der 6 eingeholt: verschiedene Süchte, in diesem Fall Medikamentenabhängigkeit und Drogenmissbrauch.

Elvis ist aus zwei Gründen ein interessantes Beispiel:

- Seine Schicksalsjahre und sein Karma sind „9er“-lastig. (Die 9 ist eine Künstlerzahl.)
- Und es zeigt Ihnen auch, falls Sie Angst davor haben, dass die Schicksalsberechnung nicht Ihr Todesjahr anzeigt.

Nicht jedes Jahr ist ein Schicksalsjahr, doch können Sie ganz leicht mit der oben erwähnten Berechnung herausfinden, welche Energie ein bestimmtes Jahr für Sie bringt. Addieren Sie dazu einfach die Zahlen von Tag, Monat und Jahr und analysieren Sie die Ergebniszahl.

Mit dieser Methode können Sie Ihre persönlichen Schicksalsjahre berechnen oder prüfen, wie ein bestimmtes Jahr für Sie verlaufen wird, beziehungsweise von welcher Schwingung das Jahr gekennzeichnet sein wird.

Nachwort und Ausklang

Wenn Sie sich im Internet umschauen, finden Sie viele Blogs und hilfreiche Artikel über weitergehende Zahlendeutungen. Hier werden beispielsweise Doppel- und Dreierzahlen, Spiegelzahlen, Engel- oder Meisterzahlen besprochen.

Letztlich läuft es darauf hinaus, dass ein vermehrtes Auftreten einer Zahl die Wirkung (positiv und negativ) unterstützt. Ich persönlich nehme übrigens auch keine weiteren Unterteilungen vor, sondern gehe ganz old-school-mäßig mit meinem 1990-er Wissen an numerologische Interpretationen heran.

Für Sie ist es in diesem Fall vorteilhaft, da Sie ein dünnes Buch zum schnellen Einstieg und sofortigen Nachschlagen von Ergebnissen besitzen.

Aber nicht umsonst haben sich Okkultisten und Esoteriker ihr Leben lang in die Zahlenkunde und Zahlenmagie vertieft. Daher lade ich Sie dazu ein, sich bei Interesse tiefer in das Thema einzuarbeiten und alle verfügbaren Informationen zu sammeln. So können Sie sich beispielsweise der Kabbala nähern oder sich ein eigenes System aneignen, das sich für Sie (nach Überprüfung und Probeberechnung) als sinnvoll und praktikabel erwiesen hat.

Mit der Zeit werden Sie auch zusätzliche Informationen über die unterschiedlichen Zahlenschwingungen dazulernen und automatisch abrufen können, wenn Sie eine beliebige Zahl vor sich sehen. Sie können gar nicht mehr anders, als Hausnummern oder die Sitzplatznummer auf Ihrem Kino-Ticket zu analysieren. Das ist aber gut, denn so bleiben Sie immer in der Übung.

Ich hoffe, Sie haben Spaß mit Ihren ersten numerologischen Berechnungen und finden so viel Gefallen daran, dass Sie das Thema weiterverfolgen!

Quellangaben

Bücher:

Lehrbuch der Mystischen Kabbala. Strukturprinzipien des Göttlichen – Johan von Kirschner, Firavarti Verlag, ISBN 9781508534709

Das Original Kybalion – William Walker Atkinson, Aurinia Verlag, ISBN 9783937392172

Cheiro's Buch der Numerologie – Jürgen Berus, BoD, ISBN 9783837050240

Cheiros Numerology and Astrology, Orient Paperbacks, ISBN 9788122200461

Cheiro's Book of Numbers. Chaldean Numerology Explained, Ancient Wisdom Publication, ISBN 9781957990019

Das Schicksal in den Zahlen – Golmyn, Knaur, 1992, ISBN3-426860112

Internet:

(links aufgerufen im Mai 2023)

Teil I Die Geschichte der Zahlenmystik

http://www.mathezentrale.de/maya/maya1.htm

https://de.wikipedia.org/wiki/Maya-Kalender

https://de.wikipedia.org/wiki/Babylonische_Mathematik

Babylon – Sumer – Akkad

https://www.bibelwissenschaft.de/wibilex/das-bibellexikon/lexikon/sachwort/anzeigen/details/babylonien-babylonier-1/ch/330030bd6c7c8db7c50aa5e44f4f092f/

https://de.wikipedia.org/wiki/Babylonischer_Kalender

https://de.wikipedia.org/wiki/%C3%84gyptischer_Kalender

https://de.wikipedia.org/wiki/Tagew%C3%A4hlkalender_(Altes_%C3%84gypten)

https://de.wikipedia.org/wiki/Ur_(Stadt)

Meister der Baukunst – die alten Ägypter

https://en.wikipedia.org/wiki/Senenmut

https://de.wikipedia.org/wiki/Karnak-Tempel

Pythagoras von Samos

https://de.wikipedia.org/wiki/Pythagoras

https://www.lernhelfer.de/schuelerlexikon/mathematik/artikel/pythagoras

https://www.wildfind.com/artikel/pythagoras

https://de.wikipedia.org/wiki/Milesisches_System

https://de.wikipedia.org/wiki/Abdschad_(Zahlensystem)

https://de.wikipedia.org/wiki/Gematrie

https://de.wikipedia.org/wiki/Zahlensymbolik

https://de.wikipedia.org/wiki/Euklid

https://de.wikipedia.org/wiki/Goldener_Schnitt

https://www.adobe.com/de/creativecloud/design/discover/golden-ratio.html

https://www.br.de/radio/bayern2/sendungen/radiowissen/mensch-natur-umwelt/goldener-schnitt-102.html

Die kabbalistische Geheimlehre

https://de.wikipedia.org/wiki/Josef_Gikatilla

https://de.wikipedia.org/wiki/Abraham_Abulafia

https://de.wikipedia.org/wiki/Kybalion

https://de.wikipedia.org/wiki/Tabula_Smaragdina

Die hermetischen Gesetze

https://de.wikipedia.org/wiki/Hermes_Trismegistos

https://de.wikipedia.org/wiki/Tabula_Smaragdina

Cheiro – der moderne Numerologe

https://de.wikipedia.org/wiki/Cheiro

https://en.wikipedia.org/wiki/Cheiro

Teil II Die vorherrschenden numerologischen Systeme

https://www.love-numerology.com/de/articles/articles/

Tabelle: https://www.love-numerology.com/de/featured-article/zahlen-und-himmelsrichtungen-norden-osten-suden-westen/

https://de.wikipedia.org/wiki/Rahu

https://de.wikipedia.org/wiki/Ketu

Tabelle: https://www.ayurveda-portal.de/ayurveda-artikel/allgemein/1436-planeten-in-der-vedischen-astrolgie

Das Berechnungssystem des Pythagoras

https://www.numerologie.info/pythagoras.htm

Das Berechnungssystem nach Cheiro

https://www.numerologie.info/cheiro.htm

Teil V Weitere modern Berechnungsarten und Deutungen

http://www.glynishasyournumber.com/numbers.html

https://de.wikipedia.org/wiki/Elvis_Presley

Bildquellen:

Die Maya und der berühmte Maya-Kalender

Abb. 1: Maya-Kalender, © Pixabay, OpenClipartVectors, https://pixabay.com/de/vectors/kalender-geschichte-maya-1294209/

Babylon – Sumer – Akkad

Abb. 2: Das Zikkurat von Ur, bekanntestes Bauwerk der Sumerer im heutigen Irak. Gewidmet dem Mondgott Nanna. © Khezez, pexels, https://www.pexels.com/de-de/foto/landschaft-leer-irak-vertikaler-schuss-14111676/

Meister der Baukunst – die alten Ägypter

Abb. 3: Die astronomischen Aufzeichnungen im Grabmal des Senenmut, Faksimile von Charles Wilkinson, Leihgabe an das Metropolitan Museum of Art, 1948. Von dort Wikipedia als gemeinfrei zur Verfügung gestellt.

https://commons.wikimedia.org/wiki/File:Astronomical_Ceiling,_Tomb_of_Senenmut_MET_DT207429.jpg

Pythagoras von Samos

Abb. 4: Münzabbildung des Pythagoras; Münze aus der Zeit des Kaisers Decius, Wikipedia, gemeinfrei

https://commons.wikimedia.org/wiki/File:Pythagoras-M%C3%BCnz.JPG

Abb. 5: Parthenon Tempel, Akropolis, Griechenland. Der Tempel wurde nach dem Goldenen Schnitt erbaut. © Pixabay, timeflies1955, https://pixabay.com/de/photos/parthenon-griechenland-akropolis-2125566/

Die kabbalistische Geheimlehre

Abb. 6: in *Portae Lucis* von Gikatilla: Mann, der einen Baum mit den zehn Sephiroth hält. (Wikipedia, gemeinfrei) https://de.wikipedia.org/wiki/Datei:Tree_of_Life,_Medieval.jpg

Die hermetischen Gesetze

Abb. 7: Hermes Trismegistos, Bodenmosaik in der Kathedrale von Siena, 1480, Wikipedia, gemeinfrei

https://commons.wikimedia.org/wiki/File:Hermes_mercurius_trismegistus_siena_cathedral.jpg

Abb. 8: Stich der Smaragdtafel, Wikipedia, gemeinfrei, https://commons.wikimedia.org/wiki/File:Houghton_Typ_620.09.482_Heinrich_Khunrath,_Amphitheatrvm_sapientiae_aeternae.jpg

Teil III Die Basis der Numerologie

Abb. 9: Der astrologische Tierkreis, © Pixabay, GDJ, https://pixabay.com/de/vectors/tierkreis-astrologie-astronomie-5921179/

Teil V Weitere modern Berechnungsarten und Deutungen

Abb. 10: Berechnungen © geralt, Pixabay https://pixabay.com/de/illustrations/mathematik-formel-physik-schule-1509559/

Abb. 11: © Bessi, Pixabay, https://pixabay.com/de/photos/geschwister-bruder-schwester-kinder-817369/

Abb. 12: © geralt, Pixabay, https://pixabay.com/de/photos/jenseits-tod-glaube-gleise-2753576/

Über die Autorin

Daniela Mattes, geb. 1970, Diplom-Verwaltungswirtin (FH) hat ihre schriftstellerische Laufbahn 2005 mit einem Kinderbuch begonnen.

Seither ist sie jedoch in jedem Genre vertreten und hat in verschiedenen Verlagen Kinderbücher, Fantasybücher, historische Romane, esoterische Bücher und Wahrsagekarten veröffentlicht.

Mit zwei Autorenkolleginnen hat sie lange Zeit die Kolumne „Federlesen“ geschrieben, die zunächst in der Tageszeitung, dann als Printausgabe veröffentlicht wurde. Für den Ancient Mail Verlag hat sie bereits einige Bücher ins Deutsche übersetzt.

Daniela Mattes beschäftigt sich seit dem 14. Lebensjahr mit Astrologie und hat einen Abschluss in Astrologischer Psychologie (SGD). Außerdem interessiert sie sich für Wahrsagen und Steinheilkunde sowie alte Kulturen und ungelöste Rätsel.

Mehr Informationen zu ihrer Person sind auf ihrer Webseite ersichtlich: www.daniela-mattes.de

Literatur zu den Rätseln dieser Welt und weiteren faszinierenden Themen finden Sie im Verlagsprogramm des Ancient Mail Verlags:

Daniela Mattes

Tarot für Eilige

Grundlagen und Deutung auf einen Blick

Überarbeitete Neuauflage
ISBN 978-3-95652-238-3, Din A5, Paperback,
110 Seiten, **€ 11,50**

Sie haben sich schon immer fürs Kartenlegen interessiert und würden es gerne selbst einmal versuchen? Sie haben aber keine Zeit oder keine Geduld, zuerst dicke Bücher zu wälzen oder gar auswendig zu lernen, bevor Sie loslegen können? Sie wollen aber auch nicht nur ein Stichwort zu jeder Karte an den Kopf geworfen bekommen, weil das dann meist die Stichworte sind, die Sie zu Ihrer Legung gerade überhaupt nicht gebrauchen können? Dann liegen Sie bei diesem Buch gerade richtig.

Denn Kartenlegen ist nicht schwierig. Sie müssen auch nicht sehr viel auswendig lernen, sondern Sie sollten eher das Grundthema jeder Karte intuitiv verstehen und daraus die für die anstehende Legung wichtigen Punkte herausziehen. Dazu müssen Sie lediglich ein wenig kreativ denken.

Sie bekommen daher von mir zu jeder Karte kurz die wichtigsten Inhalte vermittelt, erhalten Hilfestellung für weitere wichtige Assoziationen und zusätzliche Tipps für die zu bevorzugenden Legesysteme bzw. die einfachere Methode der Einzelziehung. Und schon kann's losgehen.

Viel Vergnügen!

Remo Kelm/Daniela Mattes

Mystische Welt

Von Jenseitskontakten und Todeswäldern

ISBN 978-3-95652-215-4, Din A5, Paperback, 184 Seiten, 87 größtenteils farbige Abbildungen,**€ 17,80**

Der Mensch fürchtet das am meisten, was er nicht erklären kann. Ein Satz mit zeitloser Gültigkeit. Doch leider sind es auch gerade diese Sachen, die auf uns die größte Faszination ausüben. Wir lieben Mysterien und sind von Ihnen fasziniert. Viele vermeintlich unerklärliche Phänomene lassen sich nach eingehender Prüfung schlüssig und sachlich mit ganz weltlichen Begründungen aufklären. Andere wiederum stellen sich im Laufe der Zeit als Fälschungen heraus.

Und dann gibt es noch jene Fälle, für die man erst nach Jahren, Jahrhunderten oder auch nie eine einigermaßen plausible Erklärung findet. Und gerade diese Fälle sind es, die uns am meisten faszinieren und beschäftigen und bei denen wir darauf erpicht sind, mehr zu erfahren, um endlich dem Geheimnis auf den Grund zu gehen.

In diesem Buch stellen wir Ihnen einige dieser unerklärlichen Fälle vor, die zum Teil noch offen und zum Teil recht unbefriedigend gelöst sind. Vielfach stellt man sich auch dann noch die Frage „Wie?" und „Warum?" Begleiten Sie uns in diesem Buch zu mysteriösen Orten und in fremde Welten. Betrachten Sie mit uns historische Mordfälle und blicken Sie in psychologische Abgründe. Lösen Sie literarische Rätsel, folgen Sie den Fährten spurlos Verschwundener und staunen Sie über seltsame Wesen.

Susanne Klimt und Daniela Mattes

Hellsehen in Theorie und Praxis

ISBN 978-3-95652-280-2, Paperback, Din A5,
88 Seiten, 13 Farbabbildungen, **€ 12,50**

Spannende Einblicke in eine mystische Fähigkeit – das Hellsehen – erklärt von einer echten Seherin!

Hellsehen – was ist das eigentlich? In diesem Buch, das in Theorie und Praxis unterteilt ist, erfährt der Leser zunächst alles Wissenswerte über Hellsehen und die verschiedenen Arten der außersinnlichen Wahrnehmung, bevor es im Praxisteil mit der Seherin Susanne Klimt weitergeht.

Sie geht auf Fragen ein, mit denen hellsichtige Menschen häufig konfrontiert werden. Was macht so eine Seherin und was und wie sieht sie die Ereignisse? Was kann man überhaupt vorhersagen und wo sind die Grenzen? Gibt es ein Verfallsdatum für Vorhersagen und woher kommen diese überhaupt? Können Hellseher auch Kontakt zu Verstorbenen herstellen oder mit dem Schutzengel der Klienten in Verbindung treten? Kann man Hellsehen lernen und wie?

Diese und viele weitere spannende Themen erwarten den Leser in diesem Buch.

Daniela Mattes

Die Lenormand-Karten

Ein Crashkurs

Überarbeitete Neuauflage
ISBN 978-3-95652-236-9, Din A5, Paperback,
140 Seiten, **€ 11,50**

„Bei der Beschäftigung mit Wahrsagekarten kommt man eigentlich nicht an den Lenormand-Karten vorbei" sagt Daniela Mattes. Und sie weiß, wovon sie spricht. Seit Jahren legt sie erfolgreiche Tarot- und Lenormand-Karten, hat eine umfangreiche Decksammlung und bereits viel Erfahrung mit Literatur zu dem Thema.

Sind Sie auf der Suche nach einem Buch, das eindrücklich und leicht verständlich diese vielseitige und komplexe Welt der Lenormand-Karten und deren Deutung vermittelt? Suchen Sie nicht weiter, denn hier halten Sie es in Händen!

Unsere Welt ist voller Rätsel –
Wir wollen helfen, sie zu lösen!

Bücher und Informationen zu den Themenkreisen Archäologische Rätsel dieser Welt, Paläo-SETI, Grenzwissenschaften, Sagen und Mythen.

Fordern Sie einfach *kostenlose* weitere Informationen an – per Postkarte, Fax, Telefon oder eMail beim

Ancient Mail Verlag • Werner Betz
Europaring 57, D-64521 Groß-Gerau
Tel. 00 49 80) 61 52 / 5 43 75, Fax 00 49 (0) 61 52 / 94 91 82
eMail: ancientmail@t-online.de
www.ancientmail.de